AF903242

RAUS AUS DER MEETLIFE CRISIS

Wir haben beim Schreiben des Buchs viel Wert auf eine geschlechtergerechte Sprache gelegt. Wo dies nicht möglich war, sind stets Menschen aller Geschlechtsidentitäten gemeint.

Sebastian Wittmann | Bastian Weickert

Raus aus der Meetlife Crisis

Weniger und bessere Meetings

Campus Verlag
Frankfurt/New York

01 Warum wir dringend eine neue Meetingkultur brauchen 07

02 Weniger Meetings 25

03 Bessere Meetings 43

01

Warum wir dringend eine neue Meetingkultur brauchen

Wenn Meetings zur Qual werden

Die Sonntagabende der vergangenen Jahre liefen fast immer gleich ab: Ich freute mich eigentlich auf einen gemütlichen Netflix-Sofaabend. Eigentlich. Ein kurzer Blick in den Terminkalender der nächsten Woche verhagelte mir ordentlich den Abend. Übers Wochenende hatten sich wieder zig neue Einladungen zu Meetings angehäuft. Meeting-freie Lücken im Kalender gab es kaum noch. Die Woche war damit schon stressig, bevor sie überhaupt angefangen hatte.

Ich bin Bastian Weickert, Co-Autor dieses Buches. In meinem ehemaligen Job als Projektmanager in einem Großkonzern war meine Woche so vollgepackt mit Meetings, dass ich kaum Zeit für meine eigentliche Arbeit hatte. Teilweise wurden sogar Termine doppelt gebucht. Das Einzige, was mir übrig blieb, war »*Meeting-Tetris*«: Ich schob die Termine so lange hin und her, bis ich halbwegs sicher war, dass ich an den wichtigsten Meetings auch teilnehmen konnte. Dann hieß es: Augen zu und durch.

Den ganzen Tag in Meetings – und wieder nichts geschafft

An einem normalen Arbeitstag hatte ich sieben bis neun Meetings, oftmals ohne Pausen dazwischen – und ganz oft ohne konkrete Ergebnisse. Der Großteil meiner Aufgaben blieb liegen und ich musste Abend- und Nachtschichten einlegen, um überhaupt zum eigentlichen Arbeiten zu kommen. Leider war das keine Ausnahme, sondern die Regel – bis zu meinem Burn-out.

So wie mir geht es vielen Menschen: Die Aussicht auf endlose Meeting-Marathons ohne Verschnaufpausen lässt die Motivation gegen null sinken. Wenn wir die Zeit, die wir in (Online-)Meetings verbringen, in Relation zu den Ergebnissen setzen, zeigt sich, wie ineffizient wir mit unserer kostbaren Zeit umgehen. Wir dürfen uns endlich bewusst machen:

Meetingzeit ist Lebenszeit.

Wir stecken mitten in der Meetlife Crisis

Wir hetzen von einem Meeting zum nächsten, mit wenig oder gar keinen Pausen. Wir sind zwar physisch oder digital anwesend, aber mit dem Kopf sind wir woanders. Wir vergeuden unsere Zeit und wissen häufig auch gar nicht, warum wir überhaupt eingeladen wurden. Wir erledigen parallel zum Meeting andere Dinge, weil uns ständig die To-do-Liste im Nacken sitzt. Und schon wartet das nächste Meeting auf uns. Unnütze Meetings verbrennen Geld, Nerven und auch unsere Lebenszeit.

Wir nennen diesen Zustand Meetlife Crisis.

Unsere Mission:

Weniger und bessere Meetings

Wir möchten auf gar keinen Fall Meetings verteufeln. Sie sind aus unserer Sicht der Nährboden für echte Zusammenarbeit. Gemeinsam könnt ihr in kurzer Zeit mehr erreichen, als ihr es allein schaffen würdet. Vorausgesetzt, ihr setzt die richtigen Meetingtypen für den jeweiligen Zweck ein.

Dieses Buch liefert dir und euch eine einfache Methode, um überflüssige Meetings sofort zu identifizieren und sie aus euren Kalendern zu verbannen. Ihr bekommt zusätzlich das Handwerkszeug, das für viel Klarheit in euren etablierten Meetingformaten sorgen wird. Und ihr findet Schritt-für-Schritt-Anleitungen zu unseren sechs Meetingtypen, die eure Meetingkultur auf ein ganz neues Level heben werden.

Über Meetings nur zu schimpfen, hat noch nie etwas gebracht. Deshalb braucht es immer ein paar Mutige, die das Thema Meetingkultur anpacken. Wir hoffen inständig, dass genau du diese Person bist und dass dir unser Buch dabei als treuer Wegbegleiter zur Seite steht. Falls das so ist, lass es uns gerne wissen.

Wir freuen uns immer über Rückmeldung: info@neuemeetingkultur.de

Bastian Weickert und Sebastian Wittmann
Regensburg, Sommer 2025

Die Meetlife Crisis in Zahlen

Das ganze Ausmaß der Misere zeigt sich in etlichen Studien. Die wichtigsten Zahlen und Erkenntnisse findet ihr hier:

43 %
sind unnötig

Die Kommunikationsplattform Slack hat im Frühjahr 2023 eine globale Umfrage in Partnerschaft mit dem Marktforschungsunternehmen Qualtrics[01] unter rund 18 000 Angestellten und Führungskräften durchgeführt: 70 Prozent der Befragten sagen, dass weniger Meetings und E-Mails ihre Produktivität verbessern würden. Das mag vielleicht gar nicht so überraschend sein. Aber die nächste Zahl schmeckt bitter: Die Befragten geben an, dass fast 43 Prozent ihrer Meetings – völlig folgenlos – einfach abgeschafft werden könnten. Also fast die Hälfte ihrer Meetings!

57 Millionen pro Jahr

Die Firma TimeInvest beschäftigte sich im Jahr 2020 auch mit den Kosten von Meetings. TimeInvest befragte im Jahr 2020 rund 1000 Büroangestellte zur Anzahl, Relevanz und Effizienz ihrer Meetings. Mindestens 50 Prozent der Befragten waren Führungskräfte mit Mitarbeiterverantwortung. Die Studie ergab, dass 85 Prozent der Befragten regelmäßig an Meetings teilnehmen, die für sie völlig irrelevant sind. Damit verbrennt ein Unternehmen mit 10 000 Mitarbeitenden im Schnitt 57 Millionen Euro durch unnötige oder ineffiziente Meetings – jedes Jahr.

75 % nehmen an optionalen Meetings teil

Für die Studie »*How Workers Feel About Meetings*« aus dem Hause Miro[02] wurden über 4 000 Wissensarbeitende aus vier Ländern zu ihrer Einschätzung der aktuellen Meetingkultur befragt. 75 Prozent der Befragten gaben an, dass sie auch dann ins Meeting gehen, wenn sie wissen, dass die Teilnahme nur optional für sie ist. Das ist umso erstaunlicher, wenn man folgende Zahlen liest: 42 Prozent der deutschen Arbeitnehmenden haben eine große Abneigung gegenüber Meetings.[03]

71 % betreiben Multitasking

Aus der Erhebung von Miro[04] stammt auch folgende Erkenntnis: 71 Prozent der Teilnehmenden gehen parallel zum Meeting zusätzlich anderen Beschäftigungen nach. Es werden E-Mails geschrieben, Social Media gecheckt, Präsentationen vorbereitet …

67 % erleben Burn-out-Symptome

Einem von Asana in Auftrag gegebenen Forschungsbericht[05] aus dem Jahr 2024 zufolge haben zwei Drittel der deutschen Arbeitnehmenden in den vergangenen zwölf Monaten aufgrund von Überlastung bereits Burn-out-Symptome erlebt. Im Bericht wird ein klarer Zusammenhang zwischen unproduktiven Meetings und der Überlastung der Mitarbeitenden herausgestellt: Insgesamt sieben Stunden vergeuden Angestellte pro Woche aufgrund unproduktiver Meetings – bei Führungskräften sind es sogar zwölf Stunden.

Viele Zahlen, ein beklemmendes Fazit

Jede einzelne Kennzahl für sich ist schon erschreckend genug. Es ist der reine Wahnsinn, wie viel Geld, Nerven und Lebenszeit wir in (unnützen) Meetings verlieren. Wenn wir uns dann auch noch alle Zahlen in Summe anschauen, kann uns ganz schön schwindelig werden. Zugegeben, etwas überspitzt dargestellt: Wir nehmen freiwillig an Meetings teil, von denen wir wissen, dass sie uns nichts bringen. Parallel arbeiten wir an anderen Aufgaben – obwohl bekannt ist, dass Multitasking eine der schlechtesten Lösungen ist, weil die Ergebnisse derartig erledigter Aufgaben mies sein werden. So verbrennen wir nicht nur unsere eigene Lebenszeit, sondern auch noch zigtausende Euro der Firma.

Höchste Zeit für eine neue Meetingkultur!

Das Meeting-Manifest

Wir haben uns bis hierher angeschaut, was in der Meetingkultur alles schieflaufen kann. Wir kennen also unser Weg-von und wissen, was wir nicht mehr wollen. Um echte Veränderung anzustoßen, lohnt es sich zusätzlich, unser Hin-zu genauer unter die Lupe zu nehmen: Was wollen wir erreichen und was genau verstehen wir darunter, wenn wir von »besseren Meetings« sprechen? Unser Meeting-Manifest beschreibt den Idealzustand einer neuen Meetingkultur. Vielleicht erreichen wir diesen Zustand nie zu 100 Prozent. Das Manifest dient uns aber als Fixstern und zeigt uns, ob wir auf dem richtigen Weg sind.

Das Meeting-Manifest gibt es auch zum Download auf unserer Website. In vielen Meetingräumen hängt es als Fixstern an der Wand. Vielleicht wollt ihr ja auch eure Räume etwas aufhübschen. Das Meeting-Manifest und alle anderen Materialien findest du unter: www.neuemeetingkultur.de/buch

Unsere Vision

Wir gehen aus unseren Meetings mit mehr Energie heraus, als wir hineingegangen sind. Zusammen haben wir mehr geschafft, als wir es einzeln je hätten schaffen können. In unseren Meetings gilt also: 1+1=3.

Wir haben deutlich weniger Meetings

Unnötige Meetings haben wir radikal aussortiert. So entsteht Raum für echte Wertschöpfung und sinnvolle Treffen.

Klarheit zieht in unsere Meetingräume ein

Alle wissen genau, wofür das Meeting angesetzt wurde – sei es, um Arbeit zu priorisieren, Ideen zu entwickeln oder Entscheidungen zu treffen. Diese Klarheit hilft uns, echte Ergebnisse in kurzer Zeit zu generieren.

Meetings sind Orte echter Zusammenarbeit

Statt stundenlang zu diskutieren, arbeiten wir konstruktiv und zielgerichtet miteinander. Alle beteiligen sich. Und wir alle sind für den Prozess verantwortlich. Ego hat in unseren Meetings keinen Platz.

Wir gehen gerne in Meetings

Die schlechten Erinnerungen an Meeting-Marathons ohne Sinn und ohne Ergebnisse verblassen immer mehr. Wir freuen uns auf den kommenden Termin, weil wir wissen, dass er unsere Arbeit einen ordentlichen Schritt nach vorne bringen wird.

Meetings produzieren echte Ergebnisse und klare Zuständigkeiten

Wir erarbeiten klar umrissene nächste Schritte. Alle wissen am Ende des Meetings, wer welche Aufgaben bis wann erledigen wird – und zwar ganz konkret.

Mehr Wir

Das gemeinsame Erarbeiten in Meetings stärkt unser Wir-Gefühl. Außerdem setzen wir ganz bewusst spezielle Meetingformate ein, um unsere Zusammenarbeit zu stärken. Das schweißt uns ordentlich zusammen.

Wie ist das Buch aufgebaut?

Die Grobstruktur des Buches besteht aus vier Teilen:

01

Weniger Meetings

Hier geht es darum, unnötige Meetings schnell zu identifizieren. Ihr bekommt außerdem clevere Alternativen an die Hand, die euch, euren Kolleginnen und Kollegen jede Menge Zeit im Kalender freischaufeln werden.

02

Bessere Meetings

Dieser Teil des Buches ist am umfangreichsten. Es warten zum einen **viele Meeting-Hæcks** auf euch, um eure bisherigen Meetingformate auf Vordermann zu bringen. Zum anderen bekommt ihr sechs verschiedene **Meetingtypen** an die Hand. Unsere **Meeting-Matrix** zeigt euch auf einen Blick, für welchen Zweck welcher der sechs Meetingtypen am besten geeignet ist. Ihr werdet die Matrix lieben.

03

Die Meetingkultur von oben

Wir unternehmen einen kurzen Ausflug auf die Metaebene und schauen uns an, was es braucht, um eure Meetingkultur nachhaltig zu verändern. Danach zoomen wir gleich wieder rein und sehen uns an, was jede Einzelperson und ihr als Team ganz konkret tun könnt, um das Wissen aus diesem Buch wirklich umzusetzen.

04

Starthilfe für eure Umsetzung

Im vierten Teil schauen wir uns an, was ihr als Erstes angehen könnt. Zum einen, um deutlich weniger Meetings zu produzieren. Zum anderen gibt es einen Gameplan für die nächsten Wochen, in denen ihr Stück für Stück eure Meetings auf Vordermann bringt. Die ersten kleinen Erfolge beflügeln euch, eure Kolleginnen und Kollegen. Auf diese Weise verändert ihr schrittweise eure Meetingkultur.

Ein paar Tipps, wie du das Beste aus dem Buch herausholst

Stellen markieren und Notizen machen

Lesen allein schafft schon einmal Bewusstsein. Das ist gut, aber noch weit weg von der tatsächlichen Umsetzung. Deshalb empfehlen wir, immer einen Stift dabei zu haben, wenn du liest. Auch wenn das Buch sehr schön gestaltet ist, möchte es als Arbeitsbuch genutzt werden. Immer dann, wenn du dir denkst: »*Das ist einfach, das kann ich mal ausprobieren*«, zückst du deinen Stift und markierst die Stelle. Notiere am Rand, wann du das Gelesene konkret umsetzen möchtest.

Ausprobieren

Deine Freude am Buch wird am größten sein, wenn du einfach umsetzbare Ideen aus dem Buch direkt im nächsten Meeting ausprobierst. Erste Erfolge motivieren dich, immer weiter in die Materie einzutauchen. Vor allem das Kapitel »*Starthilfe für eure Umsetzung*« ist darauf ausgerichtet und hält Schritt-für-Schritt-Anleitungen für dich bereit.

Verbündete finden

Teile die Ideen aus dem Buch mit Kolleginnen und Kollegen, die auch die Notwendigkeit sehen, eure Meetingkultur auf Vordermann zu bringen. Zu zweit, zu dritt, zu viert lassen sich die Hæcks und Formate viel leichter etablieren, und ihr könnt euch untereinander austauschen, was gut funktioniert hat.

In diesem ersten Teil wollen wir auch den ersten Aspekt unseres Versprechens auf dem Cover »Weniger und bessere Meetings« einlösen. Ziel des Kapitels ist es, dass ihr unnötige Meetings sofort erkennt – am besten noch bevor ihr selbst eines dieser Meetings in den Kalender eurer Kolleginnen und Kollegen pflanzt. Außerdem bekommt ihr einfach umsetzbare Alternativen an die Hand, die deutlich zeitsparender sind und noch viele andere Vorteile mit sich bringen.

Ø2

Weniger Meetings

Dieses Meeting hätte auch eine E-Mail sein können

Den Spruch »*This meeting could have been an e-mail*« findet ihr auf Tassen, Laptop-Aufklebern, T-Shirts und millionenfach als Aufhänger für Memes im Netz. Kein Wunder – wie oft sitzt ihr selbst in einer Besprechung und denkt: »*Also dafür hätte es aber wirklich kein Meeting gebraucht*«. Viel zu oft werden Meetings angesetzt, die der reinen Informationsweitergabe dienen. Es sollen also Infos von einem Kopf in mehrere andere Köpfe transportiert werden. Wie die Tassen und Aufkleber vermuten lassen, gibt es geschicktere Wege für diesen Wissenstransfer.

»This meeting could have been an e-mail«

Endlos-Monologe und betreutes Vorlesen

Ist es nicht bizarr, dass sich Menschen in Meetingräumen treffen und nur eine einzige Person spricht, ohne wirkliche Interaktion mit den Anwesenden? Virtuosen solcher Sessions schaffen es sogar, über mehrere Stunden den Informationsmonolog fortzuführen. Zusätzlich werden Techniken wie betreutes Vorlesen eingesetzt. Bei dieser Methode wird Wort für Wort von überfüllten PowerPoint-Folien vorgetragen. Damit wird der Zuhörerschaft auch der letzte Funken Motivation und manchmal auch Lebensfreude geraubt.

Die Faustregel für weniger Meetings

Wenn euer Meeting der reinen Informationsweitergabe dient, könnt ihr es getrost absagen. Am besten setzt ihr es gar nicht erst an. Es gibt deutlich smartere Wege, Informationen zu verteilen – und zwar ohne eure Kolleginnen und Kollegen zeitlich und möglicherweise örtlich zu binden. Natürlich gibt es auch Ausnahmen, in denen es sehr wohl sinnvoll ist, dass Informationen persönlich überbracht werden: Eine neue Chefin stellt sich vor, jemand verlässt die Firma, eine Entlassungswelle steht an und Ähnliches. Solche Infos sollen selbstverständlich auch weiterhin in persona vermittelt werden.

Uns geht es darum, ein Bewusstsein zu schaffen, wie häufig wir bei alltäglichen Themen Meetings ansetzen, weil unser Kopf sagt: *»Die Infos sind auch für meine Kollegen interessant, da stell ich mal einen Termin ein.«*

Wie oft solche Meetings zur reinen Informationsweitergabe stattfinden, zeigt eine Studie von Survey Monkey[06]: *»32 percent of people find themselves thinking, ›this meeting could have been an email‹ all or most of the time.«* Die Studie basiert auf einer quantitativen Umfrage unter knapp 8 500 Berufstätigen verschiedener Hierarchieebenen und Unternehmensgrößen. Die Befragten wurden gebeten, ihre Erfahrungen und Einschätzungen zu virtuellen Meetings zu teilen.

Asynchrone Kommunikation

Dank der Faustregel habt ihr festgestellt, dass ihr euch das Meeting sparen könnt. Wie kommen jetzt aber die Infos in die Köpfe eurer Kolleginnen und Kollegen? Genau hier kommt die asynchrone Kommunikation ins Spiel.

Asynchron

Asynchrone Kommunikation ist jede Art von Kommunikation, bei der die Gesprächspartner nicht zur gleichen Zeit anwesend und verfügbar sein müssen. Beim Senden einer asynchronen Nachricht erwartet ihr keine unmittelbare Antwort von den Empfängern. Das ist bei E-Mails der Fall, aber beispielsweise auch dann, wenn ihr Dokumente oder Videos für eure Kolleginnen und Kollegen auf dem firmeninternen Laufwerk hinterlegt.

Synchron

Synchrone Kommunikation findet in Echtzeit statt. Das heißt, ihr könnt unmittelbar aufeinander reagieren, etwa in einem Zweier-Gespräch oder in einem Meeting mit mehreren Personen – egal ob persönlich vor Ort oder in einer Videokonferenz. Manchmal werden auch Kanäle wie WhatsApp, Slack oder MS Teams synchron genutzt, immer dann, wenn ihr direkt miteinander chattet.

Eure Alternativen zu Infoweitergabe-Meetings

Es gibt vielerlei Möglichkeiten, mit Kollegen asynchron zu kommunizieren. Nachfolgend bekommt ihr eine Übersicht an die Hand, welche Kanäle ihr nutzen könnt. So seht ihr auf einen Blick, welcher Kanal für welche Botschaft am besten geeignet ist, denn nicht jeder Kanal eignet sich für jede Botschaft.

Aber zunächst wollen wir euch eine zweite Faustregel mitgeben. Sie gilt übrigens nicht nur für asynchrone Kommunikation. Ihr könnt sie auch auf alle synchronen Anlässe anwenden:

Je komplexer die Botschaft , desto komplexer sollte das Medium sein .

Für einfache Botschaften reicht beispielsweise eine kurze, prägnante E-Mail. Für kompliziertere Themen, wie etwa die Funktionsweise eines neuen Zeiterfassungssystems, braucht ihr vielleicht einen One-Pager, auf dem die wichtigsten Infos übersichtlich dargestellt werden. Für weitaus komplexere Sachverhalte ist beispielsweise ein kurzes Video das Mittel zur Wahl. Durch Bild- und Tonspur kommen deutlich mehr Infos bei den Empfangenden an.

Asynchrone Kanäle nach Komplexitätsgrad geordnet

Diese Übersicht zeigt euch die verschiedenen asynchronen Kommunikationskanäle sortiert nach dem Komplexitätsgrad der Botschaft (x-Achse) und dem Komplexitätsgrad, den der Kanal zulässt (y-Achse).

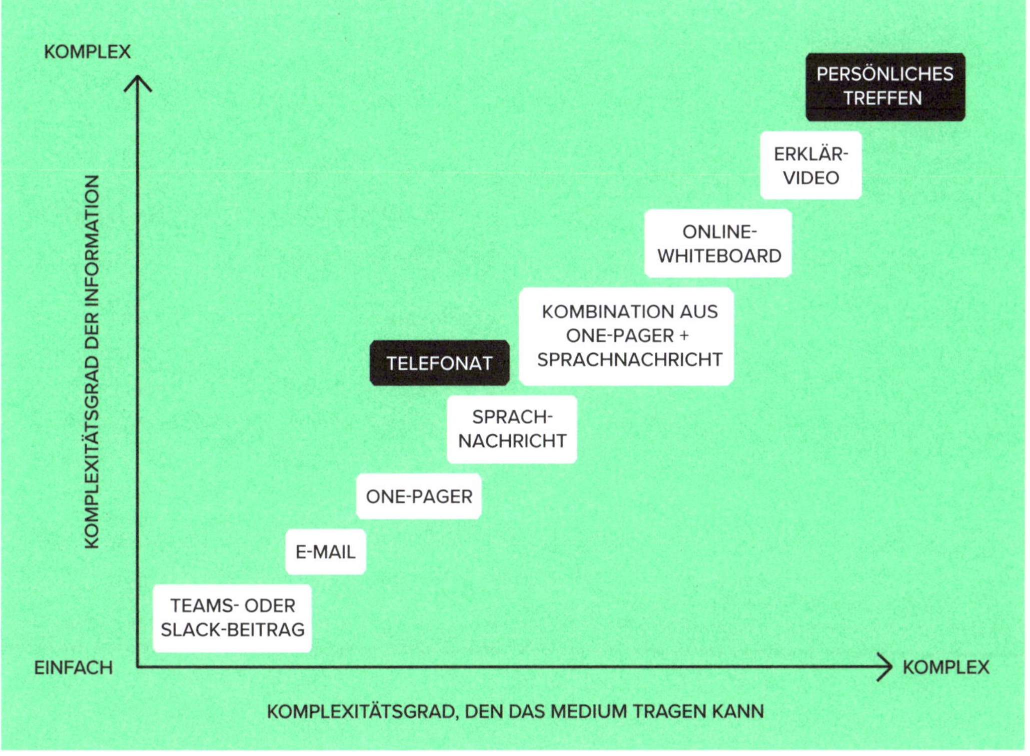

Deine asynchronen Kanäle im Detail

Wir starten mit dem geringsten Komplexitätsgrad – also in der Übersicht links unten. Stück für Stück arbeiten wir uns nach rechts oben durch.

Nachricht im Teams- oder Slack-Channel

Oft reichen wenige Sätze in schriftlicher Form aus, um die wichtigsten Informationen mitzuteilen. Dies kann auch in Stichpunkten geschehen. Je schneller die Information aufgenommen werden kann, desto besser. Manchmal helfen Bilder oder Links zur besseren Einordnung oder Vertiefung der Information.

E-Mail

Ähnlich wie mit Chat-Nachrichten könnt ihr mit einer Mail einfache Infos vermitteln, ein Bild anhängen und Links zu Websites oder zum Download eines Dokuments aus der Cloud einfügen.

Ein paar wichtige Hinweise zur E-Mail:

- Überlegt euch im Vorfeld, für wen diese E-Mail wirklich relevant ist. Hier gilt nicht: »*Je mehr, desto besser.*« E-Mails sind in Verruf geraten wegen endloser CC- und BCC-Schlachten!

- Fasst euch kurz. Niemand hat Lust und Zeit, ellenlange E-Mails zu lesen. Wenn ihr merkt, dass die E-Mail zu lang wird, dann ist sie vielleicht auch nicht der richtige Kanal, um so viele Infos mit anderen zu teilen.

One-Pager

Das One-Pager-Prinzip ist einfach: Die essenziellen Infos passen auf eine DIN-A4-Seite. Schickt das Dokument als PDF oder stellt es als Shared Doc auf eurem Server bereit. Reichert die Infos mit Bildern, Links, Statistiken, Grafiken und Ähnlichem an. So haben eure Kolleginnen und Kollegen alles Wichtige auf einen Blick parat. Zugegeben, ein One-Pager ist aufwendiger als eine E-Mail – aber längst nicht so aufwendig wie ein stundenlanges Meeting!

Außerdem werdet ihr feststellen, dass es euch leichter von der Hand geht, einen One-Pager zu erstellen, je öfter ihr diesen Kanal nutzt. Und es gibt noch einen positiven Nebeneffekt: Ihr müsst euch bei der Erstellung immer fragen, was die wichtigsten Botschaften sind. Das schärft den Fokus aufs Wesentliche und bringt Klarheit ins Projekt.

Auf unserer Website könnt ihr euch das Beispiel eines One-Pagers zur asynchronen Kommunikation herunterladen. Damit habt ihr schon einmal eine Vorlage, wie ein One-Pager aussehen kann, und gleichzeitig einen Spickzettel, wenn ihr das nächste Mal Infos asynchron weitergeben wollt. Den Download findet ihr wie für alle anderen Materialien auch hier:

www.neuemeetingkultur.de/buch

Sprachnachricht

Habt ihr festgestellt, dass eure Infos zu umfangreich oder zu kompliziert sind, um sie in geschriebene Worte zu packen? Dann switcht auf die nächsthöhere Komplexitätsstufe: das gesprochene Wort. Das klappt beispielsweise über Messenger wie WhatsApp und Signal. Sollte das bei euch nicht erlaubt sein, nutzt einfach die MS-Teams-Sprachfunktion in der App.

Ein Beispiel: »*Hallo Gerhard, bitte denk dran, das kurze Produktvideo in die Kundenpräsentation einzubauen. Ich habe Svenja Bescheid gegeben, dass sie für dich die Dateigröße reduziert. Bitte schaut zu zweit, ob das Video in die Präsentation vernünftig eingebunden ist, sodass es beim Kunden reibungslos läuft. Macht am besten einen kurzen Testlauf. Und wichtig: Bitte noch keine Preise in der Präsentation kommunizieren. Die sind noch nicht final. Danke!*«

Kleiner Tipp: Nicht alle im Team werden sofort begeistert von Sprachnachrichten sein. Denn manche Kollegen verschicken gerne mal achtminütige Mitteilungen. Also gilt auch hier: Fasst euch kurz! In zwei Minuten können jede Menge Infos transportiert werden. Das sollte für den Anfang auch die Schmerzgrenze für die Länge eurer Sprachnachrichten sein.

Kombination aus One-Pager und Sprachnachricht

Eine Top-Kombi: Ihr packt die wichtigsten Infos in ein Dokument und markiert neuralgische Stellen, die einer genaueren Erklärung bedürfen. In der zusätzlichen Sprachnachricht geht ihr auf diese Stellen ein. So könnt ihr Missverständnissen vorbeugen und erklären, warum euch einzelne Sachverhalte wichtig sind. Eure Kolleginnen und Kollegen öffnen den One-Pager am Bildschirm und hören gleichzeitig die Sprachnachricht ab.

Online-Whiteboard

Auf einem Online-Whiteboard wie Mural, Miro oder Conceptboard könnt ihr nicht nur Texte für eure Kolleginnen und Kollegen zur Verfügung stellen. Ihr könnt dort Dokumente hochladen, Videos verlinken und Kommentare auf dem Board hinterlassen.

Und ihr könnt eigene Grafiken erstellen, um komplexere Sachverhalte deutlich zu machen. Bilder und Symbole wie beispielsweise Pfeile, Kreise helfen euch dabei. Auch hier bedeutet eine zusätzlich verschickte oder aufs Board gepackte Sprachnachricht ein Mehr an Infos für die Kolleginnen und Kollegen. Auf unserer Website findet ihr ein Erklärvideo, wie diese Whiteboards funktionieren und warum sie so ein fantastisches Tool für eure Kommunikation sind. Sie funktionieren sowohl asynchron als auch in Echtzeit miteinander. Das Video findet ihr unter: www.neuemeetingkultur.de/buch

Der Umgang mit den genannten Whiteboards ist sehr intuitiv. Das werdet ihr schon beim ersten Ausprobieren feststellen. Zudem findet ihr viele Einführungsvideos zu den unterschiedlichen Whiteboard-Anbietern auf YouTube. Und damit sind wir schon bei der Königsdisziplin, dem Erklärvideo.

Erklärvideo

In dem gerade angeteaserten Erklärvideo werden euch die Funktionsweise und die Vorteile von Whiteboards nähergebracht. Ihr werdet sehen, wie viele Infos in kurzer Zeit mit diesem Medium transportiert werden können. Eine E-Mail oder ein One-Pager würde dieser Menge an Infos nicht gerecht werden.

Um Erklär-/Screen-Videos zu drehen, braucht ihr nur eine App oder ein Programm wie Quick-Time Player, Free Screen Video Recorder oder Loom. Ihr könnt dafür aber auch ganz einfach die Videofunktion von PowerPoint nutzen. Dafür müsst ihr nur einmal oben rechts auf *»Aufzeichnen«* klicken und ihr könnt direkt loslegen, die Inhalte auf euren Folien mit Bild einzusprechen.

Vorteile asynchroner Kommunikation

Mehr Zeit

Der größte Vorteil asynchroner Informationsweitergabe ist, dass ihr euch viele Meetings einfach sparen könnt. Das schafft Platz im Kalender und Freiraum für konzentrierte Arbeit – und zwar für jeden Einzelnen von euch und für eure Kolleginnen und Kollegen.

Weniger Abhängigkeiten

Die Informationen können zum einen völlig ortsunabhängig abgerufen werden: im Büro, daheim auf der Couch und selbstverständlich auch unterwegs auf eurem Smartphone, etwa beim Pendeln ins Büro. Eure Kolleginnen und Kollegen sind auch unabhängig vom Zeitpunkt des Versands der Infos. Sie können sich diese dann abholen, wenn es bei ihnen gut passt, ohne gezwungen zu sein, zu einem fremdbestimmten Zeitpunkt einem Meeting beizutreten.

Eigene Geschwindigkeit

Asynchrone Infos könnt ihr in eurem eigenen Tempo durcharbeiten. Bei weniger relevanten Inhalten könnt ihr kurz querlesen. Dafür reichen ein paar Sekunden. Bei wichtigeren Infos könnt ihr euch Notizen machen und wirklich in die Tiefe gehen. Außerdem könnt ihr beim Durcharbeiten Pausen einlegen. Für Menschen mit schneller Auffassungsgabe: Bei Sprachnachrichten und Videos könnt ihr euch die Wiedergabe auch auf 1,5-fache Geschwindigkeit einstellen. Damit spart ihr Zeit.

Infos wiederholt abrufen

Ihr könnt euch Dokumente und Aufnahmen öfter anschauen, entweder zum Vertiefen der Inhalte oder wenn die Inhalte erst später für euch relevant werden. Ein Beispiel: Stellt euch vor, ihr kommt gerade aus dem Urlaub. Dann sind Informationen zum neuen Urlaubserfassungssystem im Moment für euch nicht relevant. Wenn ihr in drei Monaten euren nächsten Urlaub eintragen möchtet, ist es praktisch, dass ihr das Erklärvideo auf dem Server findet.

Quick Start – Der Kalender-Scan

Ihr wisst, Lesen allein verändert noch nichts. Deshalb geht es jetzt an die Umsetzung. Wir haben ein Werkzeug für euch herausgesucht, mit dem ihr unnütze Meetings aussortieren könnt. Öffnet euren Kalender für die kommende Woche und überprüft jedes einzelne Meeting darauf, ob es nur der reinen Infoweitergabe dient.

Wenn ihr fündig geworden seid, überlegt euch, durch welches asynchrone Medium das Meeting ersetzt werden kann. Wenn ihr selbst für den Termin verantwortlich seid, könnt ihr direkt in die Umsetzung gehen und die asynchrone Variante wählen. Wenn allerdings jemand anderes zu dem Termin lädt, könnt ihr euer neu erworbenes Wissen nutzen und die einladende Person davon überzeugen, es auf dem asynchronen Weg zu probieren. Sollte es sich um einen Regeltermin handeln, den ihr nicht zu verantworten habt, dann könnt ihr im Termin euren Kolleginnen und Kollegen von der Möglichkeit berichten, in Zukunft auf asynchrone Kommunikation umzusteigen.

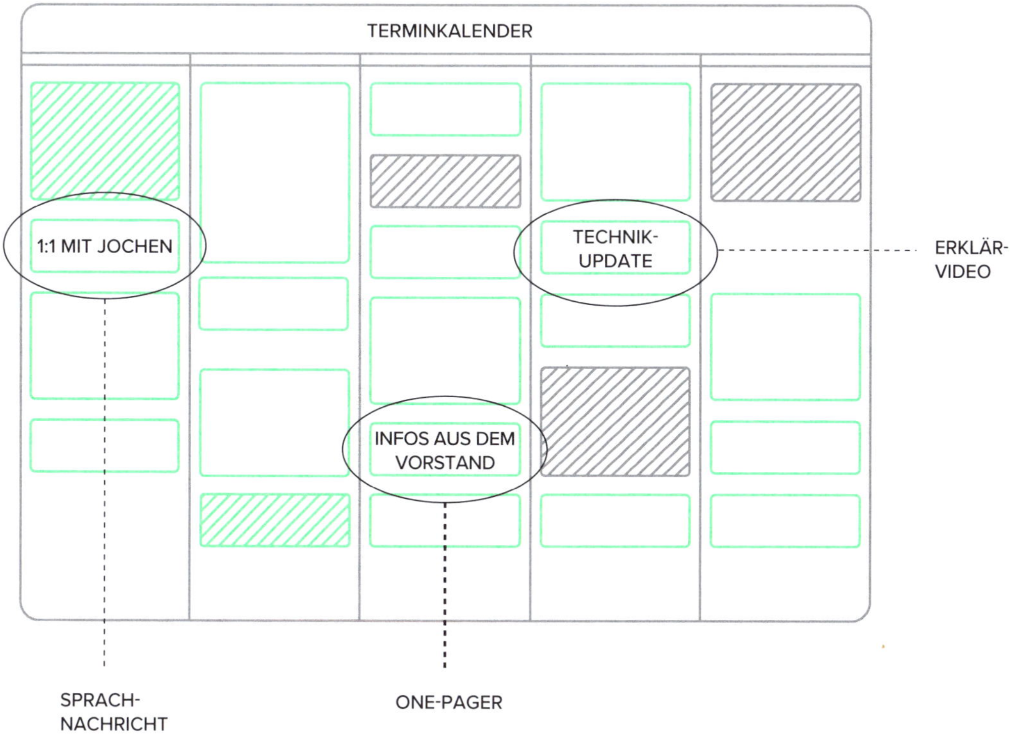
TERMINKALENDER
1:1 MIT JOCHEN
TECHNIK-
UPDATE
INFOS AUS DEM
VORSTAND
ERKLÄR-
VIDEO
SPRACH-
NACHRICHT
ONE-PAGER

Ein paar Tipps aus der Praxis

Erklärt das Warum

Von jetzt auf gleich auf asynchrone Kanäle zu wechseln, wird für Verwirrung im Team führen. Macht euren Kolleginnen und Kollegen klar, welche Vorteile die asynchrone Variante für sie generiert: beispielsweise weniger Meetings, Zeit- und Ortsunabhängigkeit.

Testballons fahren

Schnappt euch ein einziges Meeting und probiert mal aus, was passiert, wenn ihr es durch asynchrone Kommunikation ersetzt. Wenn es beim ersten Mal noch nicht perfekt funktioniert, ist das kein Beinbruch. Fehler gehören bei Veränderungen und beim Lernen immer dazu. Auch in der Testballonfahrt werdet ihr feststellen, was ihr alles mit asynchroner Kommunikation bewerkstelligen könnt. Die ersten Schritte sind ja bekanntlich häufig die schwersten.

Kanäle aussieben

Es gibt auch ein Zuviel an möglichen asynchronen Kanälen. Wir haben es bei unserer Kundschaft schon erlebt, dass eine Person mehr als 15 Kanäle überblicken musste, um wirklich alle Infos auf dem Schirm zu haben: unter anderem drei verschiedene E-Mail-Postfächer, Teams-Chats, diverse digitale Ablageorte. Da kann man schnell den Überblick verlieren. Schaut euch deshalb im Vorfeld an, welche Kanäle von euch wirklich häufig genutzt werden, und verwendet diese dann auch für eure Testballons. Selten genutzte Kanäle könnt ihr auf kurz oder lang dann auch für euch aussieben.

Nur Teile des Meetings auslagern

Vielleicht findet ihr nur wenige Meetings, die ihr wirklich vollständig durch asynchrone Maßnahmen ersetzen könnt. Wir gehen aber jede Wette ein, dass ihr zumindest Teile von Meetings identifizieren könnt, die der reinen Infoweitergabe dienen. Was hindert euch daran, genau diese Parts mal auf dem asynchronen Weg zu bespielen? Das Ergebnis: kürzere Meetings. Diese Idee greifen wir auch in unseren Hæcks auf, die diesem Kapitel folgen.

Für Fortgeschrittene: Kanäle nach Anlass sortieren

Ihr habt schon ein paar Meetings durch asynchrone Maßnahmen ersetzt. Glückwunsch zur neu gewonnenen Freiheit im Kalender. Folgende Übung könnt ihr gemeinsam durchführen, um eure asynchrone Kommunikation noch weiter zu verbessern:

Erstellt eine Übersicht, welche Kanäle für unterschiedliche Kommunikationsanlässe genutzt werden sollen. Das klingt jetzt noch ein bisschen vage, aber das angeführte Beispiel wird Licht ins Dunkel bringen.

ANLASS, INFOS ZU TEILEN	ASYNCHRONES MEDIUM	EMPFÄNGER-INNEN/ EMPFÄNGER
Projekt-Status	Teams-Channel	alle im Projektteam
Aktuelle Branchen-Trends	Mural-Whiteboard	F&E plus Teamleads
Dringende Baustellen-Updates	Teams Chat mit Hinweis »*dringend*«	alle Technikerinnen und Techniker

Diese Übersicht könnt ihr von Anfang an gemeinsam befüllen. Damit vermeidet ihr Unklarheiten und alle Teammitglieder fühlen sich gesehen und gehört.

Auch Zweifel bezüglich der Medien und des zu wählenden Kanals könnt ihr bereits hier aus dem Weg räumen. Probiert in den kommenden zwei bis drei Wochen aus, welche Kanäle sich als geeignet herausstellen. Wo funktioniert die asynchrone Kommunikation schon gut und wo solltet ihr nachsteuern? Wie bei jeder Veränderung könnt ihr nicht davon ausgehen, dass alles sofort perfekt funktioniert. Deshalb gebt der Umstellung die empfohlenen 14 bis 21 Tage Zeit, bis sich das System »*eingeruckelt*« hat.

Ihr habt Zeit, Nerven und Geld gespart

Wenn ihr durch die beschriebenen asynchronen Maßnahmen nur ein einziges Meeting einspart, dann habt ihr schon viel bewegt: Ihr und eure Kolleginnen und Kollegen bekommen wertvolle Lebenszeit geschenkt. Ihr schont eure Nerven, weil ein Meeting, das eigentlich eine E-Mail wäre, auch tatsächlich eine E-Mail bleibt. Und ihr spart dem Unternehmen mindestens einen dreistelligen Betrag, selbst wenn wir mit den konservativen 100 Euro pro Teilnehmerin und Teilnehmer pro Meeting rechnen.

Und der Kaufpreis des Buches hat sich damit auch schon zigfach amortisiert. Eigentlich kannst du gleich noch ein paar Bücher für deine Kolleginnen und Kollegen kaufen. (Kleiner, völlig uneigennütziger Tipp der beiden Autoren.)

Nach weniger kommt besser

Weniger Meetings im Kalender zu haben, ist schon ein befreiendes Gefühl. Im nächsten Kapitel des Buches werden wir selbstverständlich auch noch unser zweites Versprechen einlösen: Eure Meetings sollen ein ganzes Stück besser werden.

Zuerst bekommt ihr handverlesene und praxiserprobte Hæcks an die Hand, mit denen ihr jedes Meeting anreichern könnt. Direkt im Anschluss an die Hæcks findet ihr sechs verschiedene Meetingtypen mit der dazugehörigen Schritt-für-Schritt-Anleitung. Unsere Meeting-Matrix zeigt euch auf einen Blick, welcher Meetingtyp für welchen Zweck am besten geeignet ist.

Auf geht's!

Eure Meetings sollen ein ganzes Stück besser werden.

Besser ist ja erst mal ein schwammiger Begriff. Das geben wir gerne zu. Dann lasst uns mal genauer hinschauen, was wir darunter verstehen. Wie in unserem Meeting-Manifest beschrieben, meinen wir mit besser alles, was …

… für mehr Klarheit sorgt,
… echte Zusammenarbeit ermöglicht,
… euer WIR stärkt und
… handfeste Ergebnisse liefert.

Wie ihr das Step by Step bewerkstelligen könnt – ohne überfordert zu sein –, erfahrt ihr auf den folgenden Seiten.

Ø3

Bessere Meetings

Hæcks und Meetingtypen

Zur Info: Das englische Wort »*Hack*«, ausgesprochen [hæk], bedeutet so viel wie technischer Kniff, Trick oder auch Werkzeug. In der Lautschrift ist uns das »*æ*« zum ersten Mal begegnet. Außerdem hat uns das »*æ*« an das Dänische erinnert. Die skandinavische Lebensart und vor allem das skandinavische Design passen ganz gut zu unserem Anspruch: einfach, puristisch und gleichzeitig den eigentlichen Zweck erfüllend. Deshalb haben wir »*Hacks*« zu »*Hæcks*« gemacht.

Wir verfolgen zwei Ansätze, um bessere Meetings zu bekommen. Zum einen bekommt ihr eine **Auswahl an Hæcks** an die Hand, mit denen ihr eure bisherigen Meetingformate ordentlich aufpolieren könnt. Neben den Hæcks stellen wir euch **sechs Meetingtypen** vor, die viele eurer bisherigen Meetings entweder überflüssig machen oder eine gute Ergänzung darstellen, um eure Zusammenarbeit zu stärken.

Weder die Hæcks noch die Meetingtypen sind ein Muss. Sie sind auch kein Allheilmittel – und vor allem keine One-Size-Fits-All-Lösung. Es wäre zwar schön, wenn es die eierlegende Wollmilchsau für eure Meetingkultur gäbe – diese Vorstellung entspricht aber nicht der Realität. Warum das so ist, erfahrt ihr im Kapitel »*Die Meetingkultur von oben*«.

Bitte versteht unser Hæck-Angebot und die Meetingtypen eher als einen **Werkzeugkasten**, aus dem ihr euch je nach Bedarf bedienen könnt. Ihr bestimmt, an welcher Stelle eurer Meetingkultur gearbeitet werden soll – und genau dafür findet ihr dann auch das geeignete Werkzeug. Es ist weder sinnvoll und sicher auch nicht nötig, alle Werkzeuge zwanghaft zu nutzen, nur damit sie genutzt wurden. Das führt eher zu Verwirrung und Überforderung im Team.

Kleine Schritte sind am Anfang schon ausreichend. Erste Erfolgserlebnisse motivieren euch selbst und auch eure Kolleginnen und Kollegen. Wenn sie den Nutzen der Veränderungen erkennen, sind sie auch bereit, die Veränderungen mitzutragen.

Die Meeting-Hæcks

Bei der Auswahl aller Hæcks haben wir streng darauf geachtet, dass sie einfach umsetzbar sind. Alle Werkzeuge haben wir auch selbst auf Herz und Nieren getestet. Wenn uns bei der Anwendung neue Varianten oder Stolpersteine begegnet sind, dann haben wir unsere Erkenntnisse als ***»Tipps aus der Praxis«*** in den Beschreibungen für euch bereitgestellt.

Leider wird die Wirkung unserer Hæcks aufgrund ihrer einfachen Handhabung häufig unterschätzt. Deshalb erfahrt ihr bei jedem Hæck auch, welchen **Zweck** er verfolgt und welchen Nutzen ihr erwarten dürft. Das sorgt dafür, dass ihr das richtige Werkzeug auswählt und auch sicher sein könnt, dass ihr den Umgang damit beherrscht. Das beste Werkzeug der Welt hilft euch nämlich nichts, wenn ihr es für den falschen Zweck nutzt oder nicht wisst, wie ihr damit umgehen sollt.

Im Kapitel *»Neue Meetingkultur«* erfahrt ihr auch, warum ihr euch und eurem Team am Anfang nicht zu viele Hæcks zumuten solltet. Sucht euch ein oder zwei Werkzeuge aus und macht eure ersten Erfahrungen. Dann könnt ihr weiter an eurer Meetingkultur arbeiten.

Im Buch konzentrieren wir uns auf Haecks, die sowohl für Offline- als auch für Online-Meetings gute Dienste leisten. Solltet ihr kleine Abwandlungen für die Online-Variante benötigen, werden diese in der Beschreibung genau erklärt.

Ein letzter Hinweis: Viele Hæcks kommen schon zum Einsatz, bevor ihr euch zum Meeting trefft, andere während des Meetings. Ein paar Hæcks greifen auch erst nach dem Meeting. Deshalb haben wir alle Hæcks nach dem folgenden Schema sortiert:

- ▶ **Vor dem Meeting**
- ▶ **Während des Meetings**
- ▶ **Nach dem Meeting**

Meeting-Hæcks Übersicht

Vor dem Meeting

01 Definiert das Ziel eures Meetings

02 Bestimmt eine Moderatorin oder einen Moderator

03 Verschickt eine aussagekräftige Einladung

04 Setzt kein Meeting ohne Agenda an

05 Kürzt eure Meetings ab

06 Plant Verschnaufpausen ein

07 Ladet nie mehr als sieben Personen ein

08 Ladet die richtigen Personen ein

09 Haltet Meetings im Stehen ab

10 Sucht euch ein schönes Plätzchen

11 Erledigt einige Aufgaben schon vor dem Meeting

12 Verschickt wichtige Infos vorab

Während des Meetings

13 Startet gemeinsam ins Meeting

14 Visualisiert eure Agenda

15 Priorisiert eure Themen

16 Behaltet die Uhr im Blick

17 Bleibt beim Thema

18 Baut einen Ideen-Parkplatz

19 Schaltet eure Handys und Rechner aus

20 Nehmt euch Zeit zum Einlesen

21 Fertigt Prototypen an

22 Sammelt erst alleine eure Gedanken und tauscht euch dann erst aus

23 Trefft gemeinsam Entscheidungen

24 Setzt gezielt Musik ein

25 Beendet euer Meeting vorzeitig

26 Sorgt für eine verbindliche Umsetzung

27 Haltet fest, was wichtig ist

28 Beendet das Meeting mit Feedback

Nach dem Meeting

29 Verschickt die wichtigsten Materialien

30 Wertet euer Feedback aus

31 Bereitet das nächste Meeting vor

Vor dem Meeting

Definiert das Ziel eures Meetings

Viele Meetings scheitern schon, bevor sie begonnen haben. Warum? Weil sich niemand vorher Gedanken gemacht hat, warum dieses Meeting überhaupt angesetzt wird.

Ihr solltet euch vor der Einladung zuallererst über das Ziel des Meetings klar werden. Für eine reine Infoweitergabe braucht es gar kein Meeting. Dafür gibt es ja die unterschiedlichen asynchronen Kanäle. Erst wenn ihr euch sicher seid, dass ein Meeting das richtige Format für euer Anliegen ist, macht euch Gedanken darüber, was ihr genau mit dem Meeting erreichen möchtet.

Ein Grund für den schlechten Ruf von Meetings ist, dass sie keine klaren Ergebnisse produzieren. Um überhaupt sinnvolle Ergebnisse erarbeiten zu können, braucht ihr zuerst ein Ziel. Ein Meeting ohne klares Ziel ist wie, in ein Taxi einzusteigen und nicht zu wissen, wo ihr ankommen möchtet. Der Taxifahrer kann euch irgendwo hinfahren. Ob ihr mit dem Ankunftsort wirklich zufrieden seid, hängt stark vom Zufall ab. Formuliert deshalb für euer Meeting eine klare Zielsetzung. Das heißt konkret: Bevor ihr eine Einladung an eure Kolleginnen und Kollegen verschickt, muss feststehen, was am Ende des Meetings erreicht sein soll.

Und so geht ihr vor:

01 Formuliert das Ziel eures Meetings konkret: Statt »Wir sprechen über das Projekt« schreibt ihr konkret: »Wir haben eine Entscheidung getroffen, welche Produkte wir dieses Jahr auf der Messe ausstellen.«

02 Unterscheidet zwischen Ziel und Agenda: Die Agenda beschreibt den Ablauf (siehe auch Hæck Nr. 4), das Ziel gibt das Ergebnis vor.

03 Macht das Ziel für alle sichtbar: Schreibt das Ziel klar und deutlich für alle Teilnehmenden in eure Meeting-Einladung und in eure Agenda.

Weiter hinten im Buch beschreiben wir euch unterschiedliche Meetingtypen. Dort findet ihr auch immer den Sinn und Zweck des Meetings. So könnt ihr zielsicher das richtige Format für euren Anlass auswählen.

Hæck Nr. 02

Bestimmt eine Moderatorin oder einen Moderator

Ein gutes Meeting steht und fällt mit einer guten Moderation. Vor dem Meeting ist deshalb auch der geeignete Zeitpunkt, festzulegen, wer durch die Besprechung führt. Allerspätestens zu Beginn des Meetings sollte diese Frage geklärt sein.

Die moderierende Person muss sich nicht unbedingt mit dem Thema des Meetings auskennen. Ihre Aufgabe ist es, sich auf die Gruppe und die Interaktion zu konzentrieren. Sie soll die Runde dabei unterstützen, eigenverantwortlich zu arbeiten und zieldienliche Lösungen und Entscheidungen zu erarbeiten. Moderatoren geben Meetings eine Struktur und führen durch die Agenda. Die folgenden Fragen sollten in den ersten Minuten des Meetings von der Moderation geklärt werden:

- **Warum sind wir heute hier?**
- **Wer ist alles dabei? Wer fehlt und warum?**
- **Wie viel Zeit haben wir?**
- **Was wollen wir erreichen?**

Gleichzeitig sorgt die Moderation dafür, dass keine unnötigen Diskussionen entstehen und dass die Redezeit fair verteilt ist. Sie fasst auch die Inhalte und getroffenen Beschlüsse nochmals zusammen und beendet das Meeting mit einem Check-out.

Spickzettel:

Die wichtigsten Aufgaben der Moderatorin/des Moderators:

01 Das Meeting eröffnen

02 Das Ziel des Meetings transparent machen

03 Die Agenda vorstellen

04 Die Zeit im Blick behalten

05 Einhaltung der Agenda, abschweifende Diskussionen unterbinden

06 Beschlüsse festhalten

07 Das Meeting mit Feedback beenden

Zu allen aufgeführten Aufgaben findet ihr beim Weiterlesen die passenden Hæcks!

Tipps aus der Praxis:
Es kann schnell zu einer Rollen-Vermischung kommen, wenn du das Meeting selbst moderieren und gleichzeitig inhaltlich mitarbeiten möchtest, gerade wenn dir das Thema am Herzen liegt oder du stark emotional involviert bist. Die Gefahr besteht, dass du entweder die Moderationsrolle aus den Augen verlierst oder das Gefühl hast, dich nicht wirklich in den Entscheidungsprozess mit einbringen zu können. Um diese Zwickmühle gar nicht erst entstehen zu lassen, überlass die Moderationsrolle am besten von Anfang an einer Kollegin oder einem Kollegen. Das hat sich in der Praxis bewährt. Du kannst sogar jemanden aus der Nachbarabteilung wählen und die Person bitten, das Meeting zu moderieren.

Hæck Nr. 03

Verschickt eine aussagekräftige Einladung

Mit eurer Einladungsmail oder dem Termineintrag legt ihr die Basis für ein erfolgreiches Meeting. Sie versorgt die Teilnehmenden mit den wichtigsten Infos (siehe auch Hæck Nr. 4 zur Agenda). Und sie hilft euch, konkreter zu werden: Was wollen wir alles ins Meeting packen und wen laden wir ein? Eure Einladung sollte unbedingt folgende Informationen enthalten:

Die absoluten Basics für effiziente Meetings:

01 Ziel und Agenda des Meetings

02 Datum

03 Start- und Endzeit des Meetings

04 Ort (offline/online)

05 Einwahllink für das Videokonferenz-Tool

06 Telefonnummer für die Einwahl, falls jemand nicht am Rechner teilnehmen kann

07 Die Bitte, im Vorfeld die Dokumente anbei oder unter dem angegebenen Link zu sichten

08 Telefonnummer der Co-Moderatorin oder des Co-Moderators

09 Eventuell Liste der Teilnehmenden

Mögliche Erweiterungen:

10 Link für Online-Whiteboard(s)

11 Hinweis auf Technik-Check und Einwahldaten

12 Hinweis auf zu erledigende Aufgaben

13 Hinweis, dass die Teilnehmenden ca. fünf Minuten vor Beginn ins Meeting eintreten sollen

Tipps aus der Praxis:
Auf unserer Website findet ihr eine **Mustereinladung** als PDF, die sich auch als Best-Practice-Kopiervorlage für Termineinträge immer wieder bewährt hat. Ihr könnt sie herunterladen, für eure Zwecke anpassen und als Vorlage abspeichern: www.neuemeetingkultur.de/buch

Hæck Nr. 04

Setzt kein Meeting ohne Agenda an

Wer das Meeting einberuft, schickt mit der Einladung eine Agenda an alle Teilnehmenden als roten Faden für die Besprechung. Die Agenda bietet Orientierung und dient auch der Vorbereitung auf eure Themen. Und: Ihr stellt sicher, dass alle Teilnehmenden das Meetingziel schon vorher kennen und (bestenfalls) entsprechend vorbereitet sind. Das spart wertvolle Meetingzeit und verhindert unnötige Diskussionen. Ob die Agenda als Dokument in der Meetingeinladung angehängt ist oder separat per E-Mail verschickt wird, bleibt euch überlassen.

So könnte eine Agenda aussehen:

01 Ziel des Meetings: Wir haben neue Ideen für unsere Produktidee XYZ gesammelt und nächste Schritte definiert.

02 Moderation: Markus T.

03 Teilnehmende:
Sabine M. (Produktentwicklung)
Markus T. (Projektmanager)
Otto W. (Projektleiter)
Anne Z. (Marketing/Vertrieb)
Lisa B. (Finanzen)

Ablauf:

14:10 Check-in und Ankommen (Markus T.)

14:15 Kurzes Update zum Stand der Produktentwicklung XY (Sabine M.)

14:20 Ideen generieren (Anmoderation Markus T. + alle)

14:35 Auswahl der erfolgversprechendsten Ideen (alle)

14:40 Konkrete nächste Schritte (alle)

14:45 Kurze Feedback-Runde (alle)

14:50 Ende

Tipps aus der Praxis:
Eine Agenda ist sowohl für die Einladenden als auch die Teilnehmenden von Vorteil. Einigt euch im Team oder sogar im ganzen Unternehmen auf die Regel: Ohne Agenda keine Zusage! Flattert eine Einladung ohne roten Faden in euer Postfach, dürft ihr die Einladung ohne weitere Begründung ablehnen. Im Idealfall fragt ihr natürlich vorher bei der einladenden Person nach der Agenda. So erinnert ihr euch gegenseitig immer wieder daran, dass eine Agenda das Risiko sinn- und zielloser Meetings minimiert.

Hæck Nr. 05

Kürzt eure Meetings ab

Der Klassiker:
Das Meeting wird auf eine halbe oder volle Stunde angesetzt und niemand stellt diese ungeschriebene 30- oder 60-Minuten-Regel infrage. Überrascht euer Team das nächste Mal mit einer neuen Meetingdauer: 25 oder 50 Minuten. Ziemlich sicher erzielt ihr vergleichbare Ergebnisse, obwohl ihr etliche Minuten einspart. Das Parkinson'sche Gesetz erklärt uns warum:

»Arbeit dehnt sich in genau dem Maß aus, wie Zeit für ihre Erledigung zur Verfügung steht.«

Es ist ein schönes Erfolgserlebnis für alle, wenn ihr in deutlich kürzerer Zeit zu guten Ergebnissen kommt. Außerdem wird euer Team zukünftig immer wieder gern zu euren knackigen Entscheidungs-Sessions kommen. Voraussetzung ist nur, dass die Moderatorin beziehungsweise der Moderator den Zeitplan genau im Auge behält.

Tipps aus der Praxis:
Solltet ihr im Meeting merken, dass ihr schneller durchkommt und alles Wichtige besprochen und entschieden wurde, beendet ihr das Meeting einfach vorzeitig. Die Teilnehmenden sind vielleicht anfangs überrascht, freuen sich dann aber sicher über die unverhofft gewonnene Zeit.

Plant Verschnaufpausen ein

Viele Meetings beginnen zur vollen Stunde und werden meistens etwas überzogen. Wenn ihr »*nur*« 50 Minuten ansetzt, ist der pünktliche Start wichtig. Setzt das Meeting besser fünf bis zehn Minuten später an als gewohnt, beispielsweise um 10:05 Uhr oder 10:10 Uhr. So können eure Kolleginnen und Kollegen ohne Hektik vom davor stattfindenden Meeting in eures kommen. Sie werden es euch danken. Für euch als Moderation ist es auch angenehmer, wenn die Teilnehmenden entspannter ins Meeting kommen.

Hæck Nr. 07

Ladet nie mehr als sieben Personen ein

Faustregel für Einladende: Nie mehr als sieben Personen. Sonst mutieren Meetings schnell zu lähmenden und lärmenden Diskussions- oder Selbstdarstellungsrunden. Echte Entscheidungen werden in großen Gruppen selten getroffen.

Übrigens: Für die Entwickler-Teams beim Streaming-Anbieter Spotify gilt auch die Regel 7 ± 1. So können die Teams weiterhin schnell interagieren und Entscheidungen treffen. Damit will Spotify auch als stark wachsendes Unternehmen die Agilität eines Start-ups behalten – cleverer Zug.

Tipps aus der Praxis:
Seid am Anfang sogar noch ein bisschen strenger zu euch selbst: Ladet zum nächsten Meeting maximal fünf Personen ein. Ihr werdet den Effekt deutlich spüren, wenn weniger Köpfe eine gemeinsame Entscheidung treffen müssen. Der nächste Hæck hilft euch bei der Auswahl der richtigen Personen.

Ladet die richtigen Personen ein

Jedes Meeting, zu dem jemand nichts beitragen kann, ist ein Motivationskiller. Häufig wissen Teammitglieder nicht einmal, warum sie zu diesem Meeting eingeladen wurden, und vergeuden dort ihre wertvolle Zeit. Das frustet und nervt!

Ladet deshalb nur Personen ein, die Substanzielles zum Ziel des Meetings und den Agenda-Themen beitragen können. Alle anderen informiert ihr im Nachgang über die Ergebnisse des Meetings.

Tipps aus der Praxis:
Manche Kolleginnen und Kollegen wird es ärgern, wenn sie keine Einladung zu einem Meeting erhalten, vor allem, wenn sie bisher immer mit von der Partie waren. Informiert sie offen darüber, dass ihr ab jetzt kleinere Meetings plant, um entscheidungsfähiger zu sein. Versichert ihnen, dass ihr sie gern über die Meetinginhalte und -beschlüsse informiert. Diese Transparenz nimmt schon den meisten Wind aus den Segeln. Manchmal müsst ihr es aber auch einfach in Kauf nehmen, wenn sich jemand auf den Schlips getreten fühlt. Die meisten erholen sich schnell wieder davon.

Haltet Meetings im Stehen ab

Ihr fragt euch, wie ihr stundenlangen »*Laber-Runden*« – die wir liebevoll »*Thrombose-Sitzungen*« nennen – ein Ende bereiten könnt? Ganz einfach: Haltet eure Meetings zukünftig im Stehen ab! Es ist wissenschaftlich erwiesen[07], dass Besprechungen im Stehen deutlich kürzer ausfallen. In der Studie von Bluedorn wurden 56 Teams, die ihre Meetings im Stehen abhielten mit 55 Teams verglichen, die im Sitzen tagten. Die Meetings im Sitzen dauerten im Schnitt 34 Prozent länger. Die Entscheidungen in den kürzeren Meetings waren qualitativ mindestens ebenbürtig. Mit Meetings im Stehen stellt ihr die Neigung zum Überziehen auf elegante Weise ab.

Auch Psychologen und Arbeitswissenschaftlerinnen empfehlen diese Methode. Das geht aus einer Metastudie zum Thema Arbeitszeitfresser des britischen Softwareherstellers Altlassian[08] hervor. Für die Studie wurden 12 000 Wissensarbeitende zu ihren Herausforderungen bei der Informationsbeschaffung und der Nutzung von Meetings befragt. Das Ergebnis: Die Befragten nehmen im Schnitt an 65 Meetings pro Monat teil. Das entspricht durchschnittlich 34 Stunden monatlich – im Sitzen natürlich – und das zusätzlich zur restlichen Arbeitszeit, die viele von uns ebenfalls im Sitzen vor dem Rechner verbringen. Ärztinnen und Ärzte warnen seit Langem vor den gesundheitlichen Folgen von stundenlangem Sitzen, wie etwa Rückenschmerzen, Nackenverspannungen und Kopfschmerzen. Der Spruch »*Sitting is the new smoking*« ist im Nike Headquarter an vielen Stellen zu lesen, an denen Meetings stattfinden.

»Sitting is the new smoking«

Mit mehr Meetings im Stehen könnt ihr einen kleinen aktiven Beitrag dazu leisten, dass sich eure Kolleginnen und Kollegen mehr bewegen und ein wenig gesünder arbeiten. Ein weiterer Pluspunkt von Steh-Meetings ist, dass sich niemand hinter seinem Laptop verstecken und nebenbei E-Mails checken oder andere Dinge tun kann. Dadurch sind die Teilnehmenden weniger abgelenkt und aktiver in die Besprechung eingebunden.

Tipps aus der Praxis:
Nutzt euer Foyer, die Teeküche oder einen Raum mit ein paar Stehtischen für erste kurze Meeting-Sessions (10 bis 15 Minuten). So können sich alle langsam an die Steh-Meetings gewöhnen. Erklärt eurem Team nebenbei auch, dass der Wechsel zwischen Sitzen und Stehen gut für Körper und Geist ist.

Der Online-Twist

Selbstverständlich könnt ihr auch eure Online-Meetings im Stehen abhalten. Falls jemand keinen Steh-Schreibtisch zur Verfügung hat, gibt es einen einfachen Trick: Stellt einen Stuhl auf den Tisch und platziert euren Rechner auf der Sitzfläche.

Sucht euch ein schönes Plätzchen

Nichts ist auf Dauer langweiliger und ermüdender, als immer in den gleichen, oft ungemütlichen Besprechungsräumen zu sitzen. Sorgt für Abwechslung und bringt frischen Wind in eure Meetings. Nachfolgend einige Ideen:

Meeting im Freien

Verlegt eure Besprechung bei schönem Wetter einfach mal nach draußen. Die willkommene Abwechslung fördert die Kreativität und verbessert spürbar die Arbeitsatmosphäre. Und das Beste: Solche Open-Air-Meetings führen zu deutlich besseren Ergebnissen. Die Studie »*New Work goes Nature*«[09] der Berner Fachhochschule zeigt, dass Outdoor-Arbeitsplätze die mentale Aufmerksamkeit und die körperliche Vitalität steigern sowie Stress reduzieren. Noch dazu ist das Sonnenvitamin D gesund!

Walk & Talk

Haltet euer nächstes Meeting im Gehen ab. Es ist erwiesen, dass Menschen in Bewegung besser denken können. In einer HBR Studie[10] wurden 150 Testpersonen nach ihren Erfahrungen mit Walk & Talk Meetings befragt: Das Engagement bei Meetings im Gehen liegt um mehr als 8 Prozent höher als bei Inhouse-Besprechungen. Nutzt diese Tatsache aus. Der Ortswechsel sorgt außerdem für mehr Beweglichkeit im Kopf. Ideen entstehen schneller und in höherer Qualität. Manche Firmen stellen sogar Karten mit unterschiedlich langen Routen zwischen 15 und 45 Minuten bereit, ähnlich wie Karten mit Jogging-Strecken von Hotels für sportbegeisterte Gäste. Übrigens ist Walk & Talk ein wunderbares Format für dein nächstes Mitarbeitenden-Gespräch mit der Führungskraft oder für ein Kennenlernen der neuen KollegIn oder des Kollegen. Einfach mal ausprobieren.

Meeting in der Teeküche

Die Küche ist nicht nur privat, sondern auch in der Arbeitswelt ein beliebter Treffpunkt zum Informationsaustausch. Nutzt die entspannte Atmosphäre gezielt für euer Meeting. Hier fühlen sich die Kolleginnen und Kollegen meistens sehr wohl. Außerdem können sich alle nach dem Meeting noch bei einer Tasse Kaffee oder Tee über die besprochenen Inhalte austauschen und sich gegebenenfalls besser kennenlernen. Von privaten Partys kennen wir das: Die besten Gespräche finden oft in der Küche statt.

Tipps aus der Praxis:
Wie immer gilt: Die Dosis macht's. Übertreibt es am Anfang nicht. Ein erster Versuch mit 15 Minuten wird eure Teammitglieder überzeugen, dass die frische Luft eine vitalisierende Wirkung auf sie und das Meeting hat. Streut die Outdoor-Meetings gezielt zwischen andere Meetings ein. Nach der Mittagspause ist übrigens der ideale Zeitpunkt. Denn hier besteht die größte Gefahr, dass die Kolleginnen und Kollegen ins »*Suppenkoma*« fallen – in Fachkreisen auch »*postkantinale Fatigue*« genannt.

Hæck Nr. 11

Erledigt einige Aufgaben schon vor dem Meeting

Die Zeit ist in Meetings oft knapp. Lasst eure Teilnehmenden deshalb bereits im Vorfeld Aufgaben erledigen, um im Meeting selbst wertvolle Zeit zu sparen – immer mit dem Ziel, den maximalen Output im Meeting zu erreichen. Erklärt euren Kolleginnen und Kollegen auch den Beweggrund, damit sie motivierter ans Werk gehen.

Hier ein paar Ideen, was ihr auslagern könnt:

01 Fragen sammeln, die die Teilnehmenden zu einem bestimmten Thema beschäftigen

02 Sich in Sachverhalte einarbeiten

03 Ideen generieren und sammeln

04 Informationen einholen und recherchieren

05 Info-Material heraussuchen, das bestimmte Sachverhalte anschaulich darstellt (Zeichnungen, 3D-Darstellungen, Videos, um sie während des Meetings zu teilen, und Ähnliches).

Alle gesammelten Infos werden bestenfalls auf einem Online-Whiteboard oder auf einem Sharepoint (beispielsweise MS Teams oder Slack) digital gespeichert. Achtet auch darauf, dass alle darauf Zugriff haben. Den Link zum Sharepoint solltet ihr in der Einladung gut sichtbar platzieren. So habt ihr alles an einem Ort und könnt sicherstellen, dass alle auf dem gleichen Wissensstand sind.

Tipps aus der Praxis:
Bezeichnet die ausgelagerten Aufgaben besser nicht als »*Hausaufgaben*«. Kaum jemand hat gute Erinnerungen an Hausaufgaben in der Schule. Das Wort ist ein echter Motivationskiller! Nehmt euch beim ersten Ausprobieren Zeit, euren Kolleginnen und Kollegen zu erklären, warum die Auslagerung mancher Aufgaben für alle von Vorteil sein wird. Sobald sie den Effekt selbst erlebt haben, wird keine Überzeugungsarbeit mehr nötig sein.

Hæck Nr. 12

Verschickt wichtige Infos vorab

Lasst den Teilnehmenden einige Tage vor dem Meeting relevante Infos zukommen, um die Zusammenarbeit im Meeting zu erleichtern. So schafft ihr Freiraum im Meeting und startet alle auf derselben Wissensbasis. Wir wissen, dass jetzt sehr schnell der Einwand kommt: »*Ich kann schon was verschicken, aber das liest dann keiner.*«

Ein paar Tipps vorneweg:

01 Haltet die Infos kurz und knackig.

02 Wenn ihr eure Meetings verkürzt habt (Hæck Nr. 5), dann haben eure Kolleginnen und Kollegen noch ein paar Minuten vor dem Termin Zeit, in die Dokumente zu schauen.

03 Nutzt andere Formate als reinen Text, die leichter zu konsumieren sind (siehe unten).

Fasst die wichtigsten Punkte und Hintergrundinfos im Vorfeld zusammen, die beispielsweise für eine Entscheidungsfindung wichtig sind. Oft reicht ein One-Pager als PDF oder eine Tabelle aus, auf die alle zugreifen können, damit sie mit den wichtigsten Infos versorgt sind.

Die Vorteile liegen klar auf der Hand:

- Alle im Team sind schneller im Thema.
- Die Zeit für die Informationsweitergabe im Meeting wird reduziert.
- Alle können sich die Informationen holen, wenn es gerade gut passt (zeit- und ortsunabhängig).
- Der einheitliche Wissensstand sichert bessere fachliche Entscheidungen.

Beispiel-Formate, die ihr im Vorfeld verschicken könnt:

- One-Pager mit einer Zusammenfassung der thematischen Grundlagen
- Schaubilder, die komplexe Zusammenhänge optisch darstellen (Organigramme oder Ähnliches)
- Links zu Erklärvideos (etwa PowerPoint-Video)
- Links zu Grundlagen-Dokumenten auf eurem Laufwerk (etwa Verträge)
- Zusammenstellung von Presseberichten zu aktuellen Entwicklungen (als Link-Sammlung oder alle Artikel in einem Dokument)

Grundsätzlich könnt ihr euch aller Formate bedienen, die vorstehend zur asynchronen Kommunikation beschrieben werden (siehe Abschnitt »*Asynchrone Kommunikation*«). Erinnert euch bitte auch an die Faustregel: Je komplexer die Botschaft, desto komplexer sollte das Medium sein.

Tipps aus der Praxis:
Versendet die Informationen etwa zwei bis drei Tage vor dem Meeting. Wenn ihr sie zu früh verschickt, geraten sie meist in Vergessenheit. Die häufige Reaktion: »*Ach, da hab' ich noch Zeit, das schau ich mir irgendwann vor dem Meeting an.*« Wenn ihr sie aber zu knapp vor dem Meeting verschickt, setzt ihr euer Team eventuell stark unter Druck. Dann können Einwände kommen, wie: »*Das soll ich jetzt auch noch lesen? Hätten sie mir auch früher schicken können.*« Außerdem sollten alle wichtigen Infos in einer einzigen Nachricht verschickt werden, sonst verlieren die Teilnehmenden leicht den Überblick. Für die Teammitglieder ist es hilfreich, wenn ihr die Lesezeit für die Dokumente mit versendet. Zum Beispiel: »*One-Pager zu Branchen-Updates*« (Lesezeit ca. 5 min).

Eine Variante dieses Hæcks:

Ihr könnt auch eine leicht abgewandelte Version dieses Hæcks nutzen. Zu Beginn des Meetings bekommen alle Teilnehmenden eine fest eingeplante Einlesezeit von fünf bis sieben Minuten. Bekannt geworden ist diese Variante durch Amazon. Jedes Meeting wird dort durch eine gemeinsame Lesephase eingeläutet. Alle Teilnehmenden bekommen ein maximal sechsseitiges Dokument mit allen Informationen, die für die Entscheidungsfindung wichtig sind, zur Verfügung gestellt. Damit umgeht Amazon das Risiko, dass im Vorfeld verteilte Informationen nicht gelesen werden. Auch auf diese Weise wird eine einheitliche Wissensbasis geschaffen.

Während des Meetings

Startet gemeinsam ins Meeting

Ihr kennt das: Ein Meeting hat bereits begonnen, aber ihr hängt gedanklich noch im letzten Meeting fest oder denkt über ein Gespräch oder eine E-Mail nach. Sehr wahrscheinlich geht es den anderen Teilnehmenden ähnlich. Mit den Gedanken noch woanders zu sein, ist normal und menschlich. Damit ihr im Laufe des Meetings aber auch gute Ideen generieren oder fundierte Entscheidungen treffen könnt, müsst ihr erst mal mit eurem Kopf dort auch ankommen. Deshalb ist der Check-in zu Beginn eures Meetings so essenziell.

Die Idee stammt aus der Luftfahrt: Crews werden immer wieder neu zusammengestellt. Im *»Check-in«* lernen sich die Crew-Mitglieder kurz kennen beziehungsweise können sich aufeinander einstimmen. Dieses Ankommen wird ganz bewusst eingesetzt, weil die Kommunikation danach deutlich reibungsloser verläuft und das Fehlerrisiko auch vermindert wird. Plant für den Check-in maximal zwei bis drei Minuten Zeit ein. Jedes Teammitglied hat rund 20 Sekunden Zeit, um sich selbst, aber auch den anderen kurz darzulegen, was ihr oder ihm aktuell durch den Kopf geht.

Dabei können folgende Fragen helfen:

01 **Was beschäftigt dich gerade?**

02 **Wie geht´s dir im Moment?**

03 **Was brauchst du, damit es ein gutes Meeting wird?**

04 **Was muss gesagt werden, bevor wir loslegen können?**

Beim Check-in gilt immer das Prinzip der Freiwilligkeit: Wenn jemand gerade nicht bereit ist, irgendetwas zu teilen, ist das völlig in Ordnung. Ihr müsst natürlich nicht alle Fragen stellen oder beantworten. Auch »*Triviales*« darf geäußert werden, wie: »*Ich bin hundemüde und bräuchte dringend einen Kaffee, damit es ein gutes Meeting wird!*« Wenn nichts Besonderes vorliegt, ist selbstverständlich auch ein »*Ich bin hier, alles gut*« völlig in Ordnung.

Tipps aus der Praxis:
Erklärt den Teammitgliedern im Vorfeld, warum es so wichtig ist, ein Meeting gemeinsam zu beginnen. Die Praxis hat gezeigt, dass viele Kolleginnen und Kollegen sofort loslegen möchten und die Einstiegsfrage gerne auch als unnötig abtun. Das liegt oft daran, dass sie das »*Warum*« nicht kennen. Beim ersten Mal solltet ihr euch die Zeit nehmen, die Vorteile des Check-ins zu erklären:

- Wir konzentrieren uns auf das Hier und Jetzt und hängen gedanklich nicht mehr in vergangenen Meetings.
- Wir helfen introvertierten Personen dabei, sichtbarer zu werden und ins Sprechen zu kommen.

- Wir erfahren, wie es den Teilnehmenden gerade geht. Manchmal ergibt es keinen Sinn, das Meeting stattfinden zu lassen, weil die Anwesenden gar nicht bei der Sache sind, zum Beispiel, wenn in einem der vorausgehenden Meetings beunruhigende Neuigkeiten geteilt wurden oder die Gemüter wegen einer Diskussion zu erhitzt sind. Die moderierende Person kann dann an dieser Stelle das Meeting auf einen anderen Termin verschieben.
- Wir können den Check-in auch einfach dafür nutzen, um uns besser kennenzulernen und als Team enger zusammenzuwachsen. Dann darf er auch etwas länger ausfallen.

Auf der Umschlaginnenseite dieses Buches haben wir für euch richtig gute Check-in-Fragen gesammelt, bei denen ihr euch nach Lust und Laune bedienen könnt. Euer Vorteil: Ohne lang blättern zu müssen, habt ihr die Fragen sofort zur Hand.

Noch ein paar Gedanken zu den Check-in-Fragen:

- Eine gute Check-in-Frage regt zum Nachdenken an. Nicht alle Teilnehmenden werden sofort eine Antwort parat haben. Bitte macht keinen allzu großen Druck.
- Achtet darauf, dass ihr immer wieder neue Fragen nutzt. Egal, wie gut eine Frage ist – sie nutzt sich irgendwann ab.
- Die tiefgreifenden Fragen solltet ihr nur dann nutzen, wenn sich die Personen untereinander bereits kennen und eine vertrauensvolle Atmosphäre herrscht.
- Räumt auch die Möglichkeit ein, dass jemand keine Antwort gibt. Es kann mehrere Gründe haben, warum jemand gerade keine Antwort geben möchte. Egal, welcher Grund es ist, ihr solltet ihn respektieren. Auch das schafft Vertrauen.

Hæck Nr. 14

Visualisiert eure Agenda

Wie bereits erwähnt, solltet ihr im Vorfeld des Meetings eine Agenda an alle Teilnehmenden schicken – am besten in visualisierter Form. Wie wirkungsvoll selbst einfache Visualisierungen sind, erfahrt ihr in unserem Video »*Crashkurs zum Umgang mit Klebezetteln*« auf unserer Website: www.neuemeetingkultur.de/buch

Wir zeigen euch, wie ihr mit fünf Grundelementen nahezu alles skizzieren könnt und wie man die bunten Zettel richtig abzieht – ja, da gibt es eine Technik.

Es lohnt sich auch, die Agenda gut sichtbar für alle im Raum zu platzieren. Hierfür eignen sich am besten großformatige Klebezettel oder auch DIN-A4-Blätter. Es gibt sogar wiederverwendbare, beschreibbare Folien, die dazu noch antistatisch sind und fast überall haften.

Die Visualisierung hilft eurem Team, die Inhalte der einzelnen Agenda-Punkte besser zu verstehen. Wir Menschen sind bekanntlich visuell geprägt. Bilder und Zeichnungen schaffen Verknüpfungen zu unserem Vorwissen und steigern unser Erinnerungsvermögen nach dem Meeting.

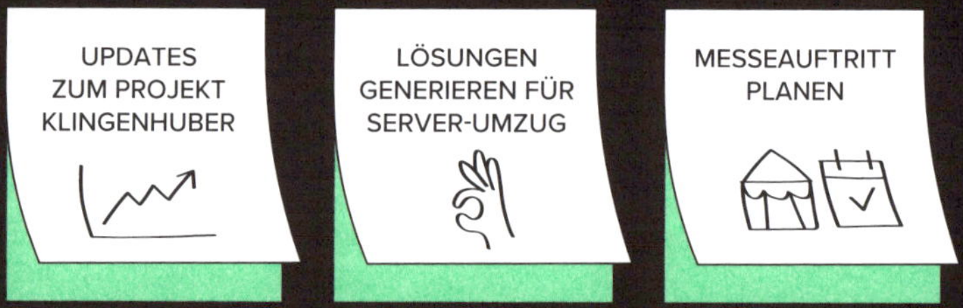

Keine Sorge: Um eure Meetinginhalte visuell aufzuhübschen, müsst ihr weder einen Malwettbewerb in der 4. Klasse gewonnen haben, noch braucht ihr besondere grafische Begabungen – einfache Strichzeichnungen genügen. Jeder zu besprechende Punkt erhält sein eigenes Blatt oder einen eigenen Klebezettel. Wenn ihr von 50-minütigen Meetings ausgeht, sollten maximal drei bis vier Themen an eurer Wand hängen.

Der Online-Twist

Die moderierende Person kann im Vorfeld die Zettel mit den Agenda-Punkten abfotografieren und über den Bildschirm mit allen Anwesenden teilen. Eventuell lohnt sich auch der Einsatz eines Online-Whiteboards wie Mural oder Miro.

Priorisiert eure Themen

Nehmt euch nach dem Check-in zwei Minuten Zeit, um die Themen auf der für alle sichtbaren Agenda zu priorisieren. Jeder Punkt steht auf einem eigenen Zettel. Zur Bewertung eignet sich ein einfaches System: Alle Teilnehmenden dürfen einen Punkt auf dem Agenda-Zettel hinterlassen, der ihnen in diesem Meeting am wichtigsten erscheint.

Der Zettel mit den meisten Punkten wird ganz nach oben geklebt und auch gleich zu Beginn des Meetings bearbeitet. So minimiert ihr das Risiko, dass der wichtigste Punkt aus Zeitmangel auf das nächste Mal verschoben oder gar nicht besprochen wird.

Dank dieser hoch flexiblen »*Zettelwirtschaft*« könnt ihr auch schnell Veränderungen vornehmen und kurzfristig auf aktuelle Entwicklungen reagieren. Wenn ein Thema für euer Meeting nicht mehr relevant ist, lässt sich die Agenda mit nur einem Handgriff bereinigen.

Wenn eure Reihenfolge feststeht, verteilt ihr die verbleibende Meetingzeit auf die Agenda-Punkte. Natürlich sollte dem wichtigsten Punkt auch die meiste Zeit zur Verfügung gestellt werden. Ein Beispiel: Ihr habt vier Themen für das heutige Meeting dabei. Der wichtigste Punkt bekommt 20 Minuten, der zweitwichtigste zehn Minuten. Und die restliche Viertelstunde wird auf die anderen beiden Agenda-Punkte aufgeteilt.

Tipps aus der Praxis:
Solltet ihr feststellen, dass sich ein Agenda-Punkt auch im Zweiergespräch klären lässt, nehmt den entsprechenden Zettel einfach von der Wand. Klärt zu zweit, wann ihr den Punkt im Nachgang zum Meeting besprechen wollt.

Behaltet die Uhr im Blick

Hæck Nr. 16

Um eure Meetings kurz und knackig zu halten, ist euer Zeitmanagement absolut erfolgsentscheidend. Die Moderatorin oder der Moderator muss konsequent darauf achten, dass die vorgegebene Zeit pro Thema eingehalten wird. Zugegeben: Das ist zunächst eine undankbare Aufgabe. Euer Team wird sich allerdings schnell daran gewöhnen und euch letztlich dankbar sein, dass ihr eure Meetings nicht (mehr) überzieht. Die zur Verfügung stehende Zeit muss für alle im Raum gut sichtbar sein. Ihr könnt dafür ein Tablet aufstellen und beispielsweise die App »Team Timer« von Dark Horse nutzen. Oder ihr blendet über den Beamer den »*Yodi Timer*« von Young Digitals ein.

Es gibt natürlich auch analoge Zeitmesser. Der Klassiker ist der sogenannte TimeTimer. Der Timer sorgt dafür, dass alle im Raum dauerhaft fokussiert bleiben und sich auf die wesentlichen Inhalte beschränken. Schöner Nebeneffekt: Ihr haltet damit auch diejenigen Kolleginnen und Kollegen in Schach, die sich gerne selbst reden hören. Zudem steigert ihr im Handumdrehen die Produktivität in eurem Team und die Effektivität eurer Meetings.

Tipps aus der Praxis:
Haltet euch als Moderierende unbedingt an die vorgegebene Zeit und lasst euch auch von autoritären Teammitgliedern nicht einschüchtern. Wenn die Zeit abgelaufen ist, ist sie abgelaufen – ohne Wenn und Aber! Solltet ihr mit eurem Punkt nicht ganz fertig werden in der vorgegebenen Zeit, ist das nicht tragisch. Klebt ihn auf den »*Ideen-Parkplatz*« (Hæck Nr. 18) und somit auf die Agenda eures nächsten Meetings. Ihr werdet außerdem feststellen: Je öfter ihr das stringente Zeitmanagement übt, desto einfacher wird es für die Moderatorin oder den Moderator sowie für das teilnehmende Team. Mit etwas Übung klappt es garantiert: Eure Meetings enden in Zukunft pünktlich und ihr kommt schneller zu euren Entscheidungen!

Hæck Nr. 17

Bleibt beim Thema

Sehr viel Zeit wird in Meetings durch zu umfangreiche thematische Erläuterungen verschwendet. Oder noch schlimmer: durch ausschweifende Erklärungen, die nichts mit dem eigentlichen Thema zu tun haben.

Ein wirksames Gegenmittel ist »*Gabi*«, das Quietschhuhn. Ihr könnt es natürlich auch anders nennen. Wenn ihr merkt, dass jemand vom eigentlichen Thema abschweift oder nicht zum Punkt kommt, dann nutzt das Meeting-Huhn. Gabi liegt für alle gut greifbar auf dem Konferenztisch. Das Quietschen des Huhns ist das Signal, sich kurz zu fassen und beim Thema zu bleiben. Gut daran ist auch: Alle am Tisch werden (wieder) wach! Über eine gewisse Zeit eingesetzt, sorgt Gabi zuverlässig dafür, dass sich die Teilnehmenden fragen, was wirklich essenziell für die anderen ist. Gabi und ähnliche quietschende Gummitiere gibt es bei den Hundespielzeugen im Zoofachhandel und in großen Supermärkten.

Tipps aus der Praxis:
Eine Alternative zu Gabi könnte die ELMO-Methode sein: Das Akronym ELMO steht für »*Enough, let's move on*«. Rein zufällig trägt die Methode den gleichen Namen wie ein beliebter Charakter der *Sesamstraße*. Statt einem Gummihuhn könnt ihr also auch einen flauschigen Elmo auf den Tisch setzen.

Baut einen Ideen-Parkplatz

Wenn während eures Meetings Ideen oder Themen auftauchen, die mit dem aktuellen Agenda-Punkt nichts zu tun haben, notiert sie auf einem Klebezettel. In jedem Meetingraum sollte dafür ein Ideen-Parkplatz an der Wand oder auf einem Flipchart-Blatt zur Verfügung stehen. Dort könnt ihr solche Ideenzettel »*parken*« und ins Fotoprotokoll aufnehmen (Hæck Nr. 27).

Ein Ideen-Parkplatz ist eine feine Sache: David Allen beschreibt in seinem Bestseller *Getting Things Done*[11] die Idee des »*Ausspeicherns*«. Ideen, die plötzlich auftauchen, aber noch nicht umgesetzt oder bewertet werden können, werden an einem festen Ort »*geparkt*«. Das entspannt zum einen unser Denken, weil wir keine Angst haben müssen, etwas zu vergessen. Zum anderen können Kolleginnen und Kollegen die Ideen aufgreifen, ergänzen, weiterentwickeln oder dadurch sogar selbst auf ganz neue Ideen kommen.

Der Online-Twist

Ihr könnt einen Ideen-Parkplatz auch virtuell einrichten. Dazu braucht ihr nur ein gemeinsames Dokument, das ihr gleichzeitig bearbeiten könnt. Die meisten Textverarbeitungsprogramme wie Word oder Pages bieten einen kollaborativen Modus an. So können alle Teilnehmenden während des Treffens Ideen im Dokument festhalten. Die Moderatorin oder der Moderator kann am Ende des Meetings den Bildschirm mit allen Anwesenden teilen und das Dokument im Nachhinein auch per E-Mail zur Verfügung stellen. Noch leichter könnt ihr den Parkplatz auf einem Online-Whiteboard wie Miro, Mural oder Conceptboard erstellen.

eingehende E-Mails, euer Kalender und Social-Media-Nachrichten – kurz: eine ganze Armada von Störenfrieden! Sie fordern eure Aufmerksamkeit und ziehen euren Fokus vom eigentlichen Thema ab. Zahlreiche Studien zeigen, dass über 90 Prozent der Menschen zu Multitasking nicht in der Lage sind. Ziemlich wahrscheinlich sind also auch eure Kolleginnen und Kollegen nicht in der Lage, sich auf zwei oder noch mehr Dinge gleichzeitig zu konzentrieren. Etabliert deshalb folgende goldene Regel für alle eure Meetings: Smartphones und Rechner bleiben in der Tasche.

Tipps aus der Praxis:
Wenn viele Teammitglieder trotzdem heimlich unterm Tisch auf ihrem Smartphone herumtippen, könnte das ein Indikator dafür sein, dass das Meeting unnötig war oder ihr die falschen Personen eingeladen habt.

Der Online-Twist

Den Laptop oder Rechner, mit dem ihr am Meeting teilnehmt, könnt ihr natürlich nicht ausschalten, alle anderen allerdings schon. Und selbstverständlich könnt ihr auch alle Anwendungen und Apps auf eurem Gerät schließen, die ihr nicht für das gerade statttfindende Meeting braucht.

Nehmt euch Zeit zum Einlesen

Hæck Nr. 20

Das Verteilen eines One-Pagers/Handouts zu Beginn des Meetings hat sich als äußerst effektiv erwiesen. Darauf sind die wichtigsten Fakten zu den Agenda-Punkten knapp zusammengefasst. Gebt den Teilnehmenden zu Beginn zwei bis drei Minuten Zeit, um sich in die Themen einzulesen. So sind alle auf dem gleichen Wissensstand und ihr könnt auf dieser gemeinsamen Basis vernünftige Entscheidungen treffen. Für die Erstellung des Handouts gilt folgende Regel: Ihr habt maximal eine DIN-A4-Seite, um die Informationen unterzubringen. Mit fettgedruckten Passagen könnt ihr besonders wichtige Aspekte optisch hervorheben. Visualisierungen und Grafiken wirken unterstützend, damit die Infos schneller erfasst werden. Wir haben die Einlesezeit schon in Hæck Nr. 12 behandelt und auch die Vorteile dargestellt, wichtige Infos vorab zu verschicken. Amazon-Chef Jeff Bezos geht noch einen Schritt weiter: Er verbietet PowerPoint-Präsentationen in seinen Meetings und setzt stattdessen auf übersichtliche, sechsseitige Meetingmemos. Alle Teilnehmenden haben zu Beginn des Meetings 30 Minuten Zeit, das Dokument in Ruhe zu studieren. Da die Infos sehr verdichtet zur Verfügung gestellt werden müssen, müssen auch die Gedanken klarer strukturiert dargestellt werden. Startet selbst erst einmal mit einem One-Pager und kurzer Einlesezeit. Das dürfte für den Anfang völlig genügen.

Der Online-Twist

Das zu lesende Material kann mit einem Klick über den Chat an alle Teilnehmenden verschickt werden. Für die vorgesehene Lesezeit schaltet ihr die Kamera und den Ton eures Computers aus, um das Dokument in Ruhe lesen zu können.

Hæck Nr. 21

Fertigt Prototypen an

Unter einem Prototyp verstehen wir die Vorstufe eines geplanten Produkts oder einer Dienstleistung. Ein Prototyp hilft euch enorm, eure Ideen den anderen im Team zu vermitteln. Wir haben bereits erwähnt, dass Bilder uns dabei unterstützen, Sachverhalte schneller und besser zu verstehen. Prototypen wirken wie ein Turbolader zum Verstehen einer Idee.

Es gibt sehr einfache Prototypen wie etwa eine Strichzeichnung auf einem Blatt Papier, und es gibt ausgefeilte Prototypen, die beispielsweise eine App oder eine Homepage darstellen. In solchen Fällen ist die Seite auf den ersten Blick nicht von einer »*echten*« Homepage zu unterscheiden. Allerdings fehlt ihr das »*Innenleben*«, das heißt, sie ist noch nicht fertig programmiert.

Die Firma IDEO, eine der kreativsten und einflussreichsten Innovationsberatungen der Welt, hat den Wert selbst einfachster Prototypen längst erkannt. Ohne Prototypen darf niemand – nicht einmal die Chefin – neue Ideen präsentieren. Seitdem diese strikte Regelung gilt, ist die Qualität der inhaltlichen Diskussionen nach eigenen Angaben massiv gestiegen.

Beispiele für Prototypen:

01 Strichzeichnung auf einer Serviette

02 Explosionszeichnung

03 Ausdruck einer CNC/CAD-Darstellung

04 3D-Modell als Animation auf dem Rechner

05 Sogenannte Mock-ups (optische Simulation einer Homepage oder App auf dem Smartphone oder Tablet)

06 Testbare Prototypen: Mock-ups mit PowerPoint, die tatsächlich klickbar sind

07 Weit entwickelte Prototypen eines Produkts, wie beispielsweise ein Turnschuh aus dem Labor eines Sportartikelherstellers

Der Online-Twist

Zeichnungen, Bilder und Videos könnt ihr jederzeit via Chat an die Teilnehmenden des Meetings verschicken oder via Bildschirmpräsentation teilen. Haptische Prototypen könnt ihr mithilfe der Kamera präsentieren. Wichtig dabei: Schaltet den virtuellen Hintergrund aus, sonst wird das Objekt unscharf, das ihr in die Kamera haltet.

Hæck Nr. 22

Sammelt erst allein eure Gedanken und tauscht euch danach aus

In vielen Meetings haben die lautesten Personen das Wort, manche Teilnehmende bleiben sehr zurückhaltend, andere äußern sich gar nicht. Das ist schade, denn selbstverständlich haben auch die ruhigeren Kollegen und Kolleginnen richtig gute Ideen oder hilfreiche Gedanken. Manche behaupten, sie haben sogar die besseren Ideen.

Silent Brainstorming sorgt dafür, dass alle Teilnehmenden auch zu Wort kommen und wirklich alle am Prozess beteiligt sind. Die Methode ist auch als »*Silent Brainwriting*« oder unter dem Begriff »*Brainwriting*« bekannt. Die wichtigste Regel dabei lautet: Zuerst schreibt jede Person für sich die eigenen Gedanken auf. Erst danach findet der Austausch mit den anderen statt.

Und so geht's:

- Fragestellung klären: Macht klar, welches Thema oder welche Fragestellung bearbeitet werden soll. Verständnisfragen sind hier erlaubt und erwünscht.
- Schreiben statt reden: Jetzt wird es still im Raum. Alle notieren ihre Gedanken zur Fragestellung innerhalb von fünf Minuten auf Klebezetteln oder auf einem digitalen Whiteboard. Jede Idee, jeder Gedanke bekommt einen eigenen Zettel.
- Ideen präsentieren: Reihum präsentieren alle Teilnehmenden ihre Erkenntnisse und hängen ihre Zettel sichtbar für alle an die Wand. Je nach Gruppengröße dauert die Vorstellung der Zettel zwischen acht und 15 Minuten. Denkt dran, einen Timer zu stellen!

- Ordnen und strukturieren: Gemeinsam werden die Ideen in Kategorien zusammengefasst und diese Kategorien auch mit einem Zettel versehen. Das sorgt für mehr Übersichtlichkeit. Doppelte Zettel könnt ihr hier aussortieren.

Wie ihr euch im Anschluss für die besten Ideen oder Gedanken entscheidet, findet ihr in unserem nächsten Hæck Nr. 23 »*Trefft gemeinsam Entscheidungen*«.

Tipps aus der Praxis:
Beim ersten Brainwriting fühlen sich vielleicht einzelne Teilnehmende überfordert: »*Ich bin überhaupt nicht kreativ.*« Klärt sie auf, dass es völlig in Ordnung ist, beim Brainwriting nur eine oder zwei Ideen zu generieren. Viele Menschen werden dann kreativ, wenn sie Ideenvon anderen sehen oder hören. Nutzt diesen Effekt unbedingt aus: Wenn euch während der Ideen-Präsentationen eurer Kollegen neue Ideen einfallen, haltet sie bitte sofort auf Zetteln fest und klebt diese ebenfalls an die Wand. Auf den vorhandenen Ideen aufzubauen, wird aus unserer Sicht völlig unterschätzt. Manche Kolleginnen und Kollegen verlieren sich in Diskussionen, wie genau eine Kategorie benannt werden müsste. Darüber lässt sich auch hervorragend diskutieren, was euch aber nicht weiterbringt. Weist die Teilnehmenden darauf hin, dass nicht entscheidend ist, dass alle im Raum mit den Kategorienamen zu 100 Prozent einverstanden sind. Die gewonnene Übersichtlichkeit bleibt bestehen – egal ob die Kategorie »*Technisches Verständnis*« oder »*Tech-Know-how*« heißt.

Trefft gemeinsam Entscheidungen

In einem Meeting mit mehreren Personen auf einen gemeinsamen Nenner zu kommen, kann ganz schön herausfordernd sein. Oft endet der Versuch in Endlos-Diskussionen. Das Einzige, über das ihr euch einig seid, ist, dass ihr euch uneinig seid.

Ihr bekommt in diesem Hæck gleich zwei Methoden an die Hand, die euch helfen, schnell auf einen gemeinsamen Nenner zu kommen. Ganz hervorragend funktionieren sie, wenn ihr zuvor mithilfe von Silent Brainwriting (Hæck Nr. 22) viele Ideen generiert habt.

Variante 1:
Dotmocracy – lasset die Punkte entscheiden

Dotmocracy ist eine Wortschöpfung aus »*dot*« (engl. Punkt) und »*democracy*« (engl. Demokratie). Im Grunde ist es ein ganz einfaches Bepunktungssystem, das folgendermaßen funktioniert:

- Platziert die zu bewertenden Ideen oder Lösungsvorschläge auf Klebezetteln gut lesbar im Raum.
- Alle Teilnehmenden bekommen jeweils drei (Klebe-)Punkte.
- Jetzt dürft ihr die Ideen oder Lösungen, die aus eurer Sicht am vielversprechendsten sind, mit euren Punkten versehen.

Hier ein Beispiel: Es wurden Ideen gesammelt, um die Zusammenarbeit zwischen zwei Abteilungen zu verbessern. Anschließend wurden die Zettel mithilfe der Punkte bewertet.

Solltet ihr keine Klebepunkte zur Hand haben, nehmt irgendeinen Stift und malt die Punkte direkt auf die Zettel. Anschließend könnt ihr die bepunkteten Klebezettel für das Fotoprotokoll abfotografieren. Bei Gleichstand zwischen zwei Zetteln könnt ihr eine Stichwahl durchführen, bei der jede Person einen Punkt vergeben darf.

Variante 2: Das Entscheidungsfenster

Zeichnet das abgebildete Fenster auf ein Flipchart oder auf ein Whiteboard. Ihr könnt es aber genauso gut mit Kreppband-Streifen an die Wand kleben.

Die x-Achse wird durch einen Klebezettel mit der Aufschrift »*Aufwand*« gekennzeichnet, die y-Achse mit »*Wirkung*«.

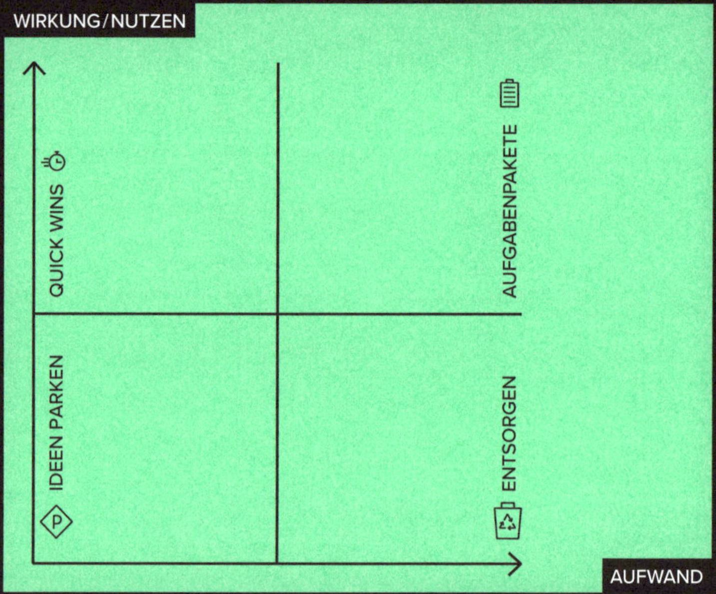

Am interessantesten ist für euch der Quadrant oben links. Dort könnt ihr alle eure Ideen sammeln, die mit wenig Aufwand umsetzbar sind und trotzdem eine große Wirkung entfalten. Ihr könnt solche Ideen unter dem Namen »*Quick Wins*«/»*Easy Wins*« oder »*Low Hanging Fruits*« ablegen. Alles, was in unter fünf Minuten erledigt werden kann, gehört in diese Kategorie.

Der Quadrant oben rechts (Aufgabenpakete) steht für Ideen bereit, die nicht so schnell und/oder nicht so leicht umzusetzen sind.

Links unten (Parkplatz) könnt ihr Ideen parken, deren Umsetzung zwar sehr schnell möglich wäre, bei denen ihr euch jedoch nicht sicher seid, ob diese Ideen einen echten Beitrag zur Problemlösung liefern. Das letzte Feld – unten rechts (Mülleimer) – ist das Sammelbecken für alle Ideen, die zu aufwendig und am wenigsten attraktiv sind.

Tipps aus der Praxis:
Entscheidet euch für einen Quadranten: Klebt die Zettel nicht auf die Trennstriche, also nicht zwischen die Kategorien, sondern direkt in einen der vier Quadranten. Beschriftet die Aufgaben in den oberen beiden Quadranten noch im Meeting mit den Namen der Kolleginnen und Kollegen, die sich um die Umsetzung kümmern (siehe auch Hæck 26). Wenn ihr auch noch ein Datum dazu ergänzt, bis wann die Aufgabe erledigt ist, sorgt ihr für Verbindlichkeit bei den Kolleginnen und Kollegen. Fotografiert die Fenster ab und packt sie in das Fotoprotokoll eures Meetings. Bei Online-Whiteboards könnt ihr das Whiteboard als PDF herunterladen und an die Anwesenden verschicken. Falls trotzdem noch zu viel diskutiert werden sollte: Ihr könnt zum einen die Zeit mit einem Timer begrenzen. Zum anderen könnt ihr auch eine Entscheiderin oder einen Entscheider bestimmen, der oder die bei Patt-Situationen für Klarheit sorgt. Das muss übrigens gar nicht die Führungskraft sein. Ideal ist die Person geeignet, die am meisten Erfahrung mit dem Thema mitbringt.

Setzt gezielt Musik ein

Auch wenn wir uns der Wirkung nicht immer bewusst sind: Musik hat einen enormen Einfluss auf unsere Stimmung. In Flugzeugen und Arztpraxen wird Klaviermusik eingesetzt, um beruhigend auf die Menschen einzuwirken. Und wer schon einmal bei lauter, schneller Musik Auto gefahren ist, weiß, dass das eigene Fahrverhalten dadurch etwas flotter wird. Ihr könnt Musik auch gezielt für euer Meeting einsetzen. Startet ihr euer Meeting beispielsweise nach dem Mittagessen, könnt ihr mit schwungvoller Musik dem »*Suppenkoma*« entgegenwirken. Wenn ihr mit einer hitzigen Debatte rechnet, empfiehlt sich stattdessen eine eher ruhigere Musikauswahl. Lasst die Musik schon vor Eintreffen der ersten Teilnehmenden laufen, damit die Stimmung bereits beim Ankommen aufgenommen werden kann. Wenn ihr zwischen den Agenda-Punkten eine kleine Pause einlegen möchtet, kann ein kurzes Lied diese Pause akustisch unterstützen. So wird der Themenwechsel klarer. Auch das Ende eines Meetings könnt ihr mit dem passenden Sound charmant abrunden.

Tipps aus der Praxis:
Kleine, leicht transportierbare Bluetooth-Boxen eignen sich am besten. Von den ganz günstigen Modellen raten wir ab. Ab ca. 70 Euro gibt es gute Boxen mit einem glasklaren Sound, der auch größere Meetingräume gut ausfüllen kann.

Der Online-Twist

Die meisten Videokonferenzprogramme »*erlauben*« auch die Übertragung von Audio, etwa wenn ihr ein Musikvideo abspielt. Manchmal muss jedoch in den Einstellungen ein Häkchen gesetzt werden, um die Audioübertragung zuzulassen.

Beendet euer Meeting vorzeitig

Es gibt gute Gründe, ein Meeting früher als geplant zu beenden. Vielleicht seid ihr mit den Inhalten ja viel schneller fertig geworden als gedacht. Dann dürft ihr das Ende des Meetings selbstverständlich früher einläuten. Es kann aber auch daran liegen, dass es gar keinen Sinn ergibt, das Meeting aufrechtzuerhalten und die Zeit abzusitzen.

Gründe, die ein vorzeitiges Beenden des Meetings rechtfertigen:

01 Schlecht oder gar nicht vorbereitete Kolleginnen und Kollegen.

02 Es sitzen die falschen Teilnehmenden im Meeting.

03 Der Entscheider oder die Entscheiderin fehlt.

04 Eine Entscheidung kann zum jetzigen Zeitpunkt nicht getroffen werden.

05 Die Moderatorin oder der Moderator ist krank.

06 Die Meetingregeln werden nicht beachtet.

07 Die Zeit wird nicht eingehalten.

08 Es ist nur eine falsche Präsentation vorhanden.

09 Ein Konflikt überschattet das Meeting (unbedingt bilateral außerhalb des Meetings klären).

In der Praxis kommt es leider sehr häufig vor, dass die Meetings trotz der oben genannten Gründe über die volle Zeit hinweg weiterlaufen. Aus unserer Sicht ist dies reine Zeitverschwendung. Darum unsere Bitte: Habt Mut und traut euch, auch dieses äußerst effektive Werkzeug auszuprobieren. Wichtig dabei: Erklärt, warum ihr das Meeting abbrecht.

Tipps aus der Praxis:
Obwohl es beim ersten Mal Überwindung kosten kann, werdet ihr schnell merken, dass ihr euch durch den vorzeitigen Abbruch den Respekt im Team sichert. Schöner Nebeneffekt: Ins nächste Meeting kommen dann die meisten auch gut vorbereitet.

Sorgt für eine verbindliche Umsetzung

Am Ende des Meetings habt ihr die Möglichkeit, den Karren noch richtig schön an die Wand zu fahren! Ihr könnt bis hierher alles richtig gemacht haben: Ihr habt den Check-in erledigt, euch an die Agenda gehalten und habt im Team etwas erarbeitet. Und ihr habt auch gemeinsam Entscheidungen getroffen, wie die nächsten Schritte aussehen können.

Trotzdem kann das Meeting für die sprichwörtliche Katz gewesen sein – und zwar dann, wenn ihr die getroffenen Entscheidungen nicht in die Tat umsetzt.

Ihr seid euch zwar einig, dass ihr die gesammelten Ideen und Lösungen umsetzen müsstet. Aber genau dieses »*müsstet*« ist die Krux: Wenn ihr keine konkreten Zuständigkeiten benennt, bleibt es allzu oft beim frommen Wunsch.

Eine strenge Moderation ist gefragt

Deshalb darf die moderierende Person hier nicht lockerlassen: Niemand verlässt das Meeting, bevor geklärt ist, wer für die Umsetzung der Ideen verantwortlich ist! Damit macht sich die moderierende Person zwar im ersten Moment nicht beliebt. Im Nachhinein sind aber alle im Team froh, wenn das Beschlossene nicht auf die lange Bank geschoben wird.

Stellt die drei wichtigsten W-Fragen

Hier kommen die drei Ws ins Spiel: Wer macht was bis wann? Haltet alle nächsten Schritte auf digitalen oder analogen Klebezetteln fest. Die Moderation geht die Klebezettel Stück für Stück durch und fragt in die Runde, wer die Verantwortung für die Umsetzung der Idee übernimmt. Dieser Name wird auf dem Klebezettel notiert.

Notiert auf dem Zettel auch, bis wann die oder der Verantwortliche erste Ergebnisse vorlegen möchte. Bei umfangreicheren Aufgaben können auch zwei Personen als Verantwortliche notiert werden.

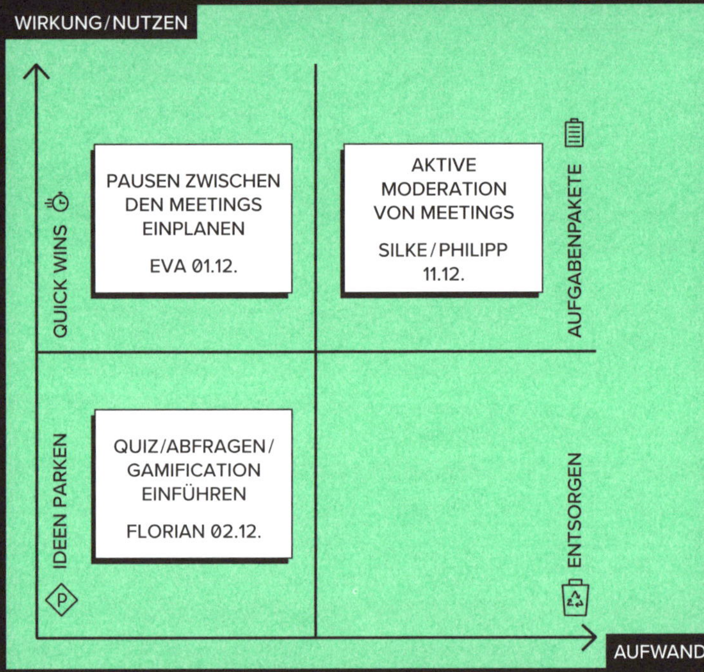

Die fertig beschrifteten Klebezettel werden für euer Fotoprotokoll abfotografiert. Das funktioniert übrigens auch in Online-Meetings, wenn ihr beispielsweise mit einem Online-Whiteboard arbeitet.

Noch etwas zum Verständnis: Die Verantwortlichen müssen die Idee nicht unbedingt selbst oder alleine realisieren. Sie müssen aber dafür sorgen, dass die Idee in die Tat umgesetzt wird.

Was passiert mit Zetteln, für die sich niemand zuständig erklärt? Nicht alle Ideen müssen sofort angepackt werden. Das Tagesgeschäft lässt selten allzu viele neue Aufgaben zu. Es ist also völlig in Ordnung, wenn ein paar Zettel noch keinen Namen tragen.

Allerdings muss die Moderation dafür sorgen, dass diese Zettel beim nächsten Meeting wieder mit an Bord sind. Sollte sich im zweiten Meeting immer noch niemand für die jeweilige Aufgabe finden, solltet ihr euch überlegen, woran das liegen könnte:

- Die Aufgabe ist zu groß. Lösung: Teilt die Idee in kleinere Teilaufgaben auf und verteilt Zuständigkeiten.
- Die Aufgabe scheint niemanden zu interessieren/motivieren. Lösung: Fragt in die Runde, ob die Idee wirklich wert ist, umgesetzt zu werden. Wenn nicht, klebt ihr sie auf den Ideen-Parkplatz oder packt sie in den Papierkorb.

Tipps aus der Praxis:
Menschen mit einem hohen Verantwortungsbewusstsein können es kaum ertragen, wenn sich niemand bereiterklärt, eine Aufgabe zu übernehmen. Deshalb nehmen sie oft auch Aufgaben an, die eigentlich nicht in ihren Verantwortungsbereich fallen. Achtet darauf, dass die Aufgaben wirklich gleichmäßig verteilt werden. Und überprüft auch, ob vielleicht noch eine zweite Person gebraucht wird, um die Deadline einzuhalten, beziehungsweise ob die Deadline zu kurz angesetzt ist.

Der Online-Twist

Auch hier könnt ihr ein Dokument nutzen, auf das alle Beteiligten im »*Zusammenarbeiten*«-Modus zugreifen können, etwa ein Word-Doc. Noch einfacher und visuell ansprechender ist die Arbeit mit einem Online-Whiteboard wie Conceptboard, Mural oder Miro. Auf unserer Website www.neuemeetingkultur.de findet ihr auch ein Erklärvideo, wie ihr auf Online-Whiteboards gemeinsam arbeiten könnt.

Hæck Nr. 27

Haltet fest, was wichtig ist

Ein leidiges Thema ist das Protokoll. Das Erstellen macht nur wenigen Menschen Freude und kaum jemand liest es im Nachgang wirklich aufmerksam durch. Vielleicht können wir das Image ein bisschen aufpolieren, indem wir euch eine Light-Version des Protokolls vorstellen. Es muss nämlich gar kein seitenlanges Monster aus Belanglosigkeiten im feinsten Amtsdeutsch werden.

Folgende Informationen sollten im Protokoll stehen:

- Das besprochene Thema
- Die getroffenen Entscheidungen
- Die verteilten Aufgaben (Wer macht was bis wann?)
- Im Idealfall: Hinweis, wie die Entscheidung zustande gekommen ist

Ziele, die ein Protokoll verfolgt:

- Für alle, die teilgenommen haben: Gedächtnisstütze, was entschieden wurde
- Für alle, die nicht am Meeting teilgenommen haben: Entscheidungen sichtbar machen

So könnt ihr dafür sorgen, dass das Protokoll auch gelesen wird:

- Haltet nur die absolut wichtigsten Infos fest.
- Nutzt Visualisierungen (Bilder, Diagramme, Zeichnungen, Fotos).

- Schreibt in Stichpunkten und verzichtet auf Amtsdeutsch (Hölle!).
- Ihr könnt Textstellen hervorheben (Fettdruck, Farben, Rahmen).
- Packt alles auf maximal eine Seite.

Tipps aus der Praxis:
Nach jedem Agenda-Punkt nimmt sich die Moderation ein paar Sekunden Zeit, um das Wichtigste zusammenzufassen. So muss das Protokoll nicht im Nachgang mühevoll zusammengebaut werden. Nutzt ein Fotoprotokoll statt der schriftlichen Variante. Wenn ihr eure visualisierte Agenda, die beschrifteten Klebezettel und euer Entscheidungsfenster abfotografiert, habt ihr schon das fertige Protokoll. Alle Infos – sogar euer Entscheidungsprozess – sind dann in einem Dokument vorhanden. Für Smartphones gibt es zahlreiche Scan-Apps, mit denen ihr Fotos machen könnt. Mit der App könnt ihr in Sekundenschnelle ein verschickbares PDF mit allen Bildern generieren. Im Anschluss an das Meeting verteilt ihr das Protokoll/Fotoprotokoll per E-Mail an alle Teilnehmenden oder legt es auf einem für alle zugänglichen Medium oder Sharepoint ab.

Der Online-Twist

Von den Online-Whiteboards lässt sich mit einem Klick ein PDF mit allen Inhalten erstellen, das ihr ebenfalls via E-Mail oder Chat versenden könnt. So habt ihr in Rekordzeit ein Protokoll erstellt.

Hæck Nr. 28

Beendet das Meeting mit Feedback

Genauso wichtig wie der Check-in zu Beginn ist uns auch der Check-out am Ende eines Meetings. Hierfür nehmt ihr euch in der Regel zwei Minuten Zeit, um euch direktes Feedback von den Teilnehmenden zur Besprechung einzuholen. Der Check-out gibt der Moderation unmittelbar ein Gefühl dafür, wie das Meeting verlaufen ist. Ein Check-out hilft euch also, eure Meetings kontinuierlich zu verbessern. Nachfolgend findet ihr drei Varianten:

Skalen-Feedback

Hängt im Meetingraum ein Flipchart-Papier mit einer aufgezeichneten Skala von 1 bis 10 auf. Die 1 steht für »*Das Meeting hatte für mich gar keinen Mehrwert*« und die 10 steht für »*Das Meeting war hervorragend*«. Bittet eure Kolleginnen und Kollegen entweder noch im Meeting oder beim Verlassen des Raums um ihr Feedback. Sie können entweder einen Punkt auf der Skala mit Filzstift hinterlassen. Oder ihr lasst sie einen Klebezettel aufkleben, dann könnt ihr die Skala auch beim nächsten Mal noch einmal benutzen. Ideal eignen sich abwischbare Whiteboards, die Skala bleibt immer auf dem Board und ihr könnt die Punkte nach der Bewertung wieder wegwischen.

I liked/I wished

Klebt an eure Besprechungstür zwei etwas größere Klebezettel. Auf dem einen steht »*I liked*«, auf dem anderen »*I wished*«. Die Teilnehmenden sammeln auf kleineren Klebezetteln alle positiven Aspekte des heutigen Meetings und platzieren sie unter der Kategorie »*I liked*«. Unter der zweiten Kategorie »*I wished*« werden alle Punkte gesammelt, auf denen die Wünsche/Anregungen für das nächste Meeting stehen.

ROTI – Return On Time Invested

Eine einfache und sehr effektive Methode, um sich am Ende des Meetings Feedback von den Teilnehmenden einzuholen, ist die ROTI-Methode. ROTI steht dabei für »*Return On Time Invested*« – also wie effektiv wurde die Zeit im Meeting aus meiner Sicht genutzt. Bittet die Teilnehmenden um Handzeichen und fragt: »*Auf einer Skala von 1 bis 5, war das Meeting heute für dich sinnvoll oder war es eine Zeitverschwendung?*«

1 Finger: »Völlige Zeitverschwendung – das hätte ich mir sparen können.«

2 Finger: »Geringer Nutzen – das hätte effizienter sein können.«

3 Finger: »In Ordnung – ein paar wertvolle Punkte, aber Luft nach oben.«

4 Finger: »Guter Nutzen – meine Zeit wurde sinnvoll investiert.«

5 Finger: »Hervorragend – jeder Moment hat sich gelohnt!«

Mithilfe des Feedbacks könnt ihr sehr schnell sehen, wie erfolgreich das Meeting aus Sicht der Teilnehmenden gelaufen ist und ob Verbesserungspotenzial besteht. Generell ist es kein Muss, dass sich die Teilnehmenden zu ihrer vergebenen Ziffer äußern. Allerdings lohnt es sich, bei einer Bewertung von 3 oder schlechter nach einer kurzen Begründung zu fragen. Außerdem könnt ihr in die Runde fragen, was ihr beim nächsten Mal besser machen könnt. Aber wie gesagt – alles kann, nichts muss.

Tipps aus der Praxis:
Falls die ROTI-Bewertungen für ein wiederkehrendes Meeting regelmäßig im Schnitt unter 3 bleiben, solltet ihr das Meeting auf den Prüfstand stellen. Oft reichen die Verbesserungsideen aus der Gruppe, um die Qualität zu erhöhen. Vielleicht müsst ihr aber auch einen anderen Meetingtyp zum Einsatz bringen. Manchen Kolleginnen und Kollegen ist es unangenehm, Kritik vor der Gruppe auszusprechen. Ihr könnt die Teilnehmenden auch bitten, dass sie ihre Begründungen und Verbesserungswünsche auf einem Klebezettel notieren. Beim Verlassen des Raums können sie die Zettel entweder euch zustecken oder an die Wand kleben.

Der Online-Twist

Bei Online-Meetings könnt ihr das Feedback auch in den Chat schreiben lassen. Das funktioniert sowohl mit dem Skala- als auch mit dem ROTI-Feedback. Alle Teilnehmenden schreiben ihre Ziffer und mögliche Verbesserungsideen in den Chat. Bei *»I liked/I wished«* lohnt sich ebenfalls der Einsatz eines Online-Whiteboards wie Mural, Miro oder Conceptboard. Auch Zoom und MS Teams haben solche virtuellen Whiteboards im Angebot.

Nach dem Meeting

Hæck Nr. 29

Verschickt die wichtigsten Materialien

Direkt nach dem Meeting könnt ihr euer Protokoll, Fotoprotokoll oder das Whiteboard-PDF via E-Mail verschicken oder auf eurem Server ablegen, sodass andere darauf zugreifen können. Interessant sind die Infos für alle Teilnehmenden und für alle, die über die Ergebnisse Bescheid wissen müssen.

Wenn ihr das Protokoll schon parallel zur Besprechung anfertigt, könnt ihr die letzten Minuten des Meetings zum Versand der Infos nutzen, und zwar, wenn die anderen ihr Feedback auf den Klebezetteln notieren oder zusammenpacken. Dann müsst ihr im Nachgang keine Gedanken mehr ans Protokoll verschwenden. Das ist ein bisschen so wie damals in der Schule: Hausaufgaben schon am Freitag machen und sich das ganze Wochenende frei fühlen.

Tipps aus der Praxis:
Achtet peinlich genau darauf, dass auch diejenigen alle Materialien bekommen, die ihr diesmal nicht eingeladen habt, weil sonst zu viele am Meeting teilnehmen würden (siehe Hæck Nr. 7). Sonst fühlen diese sich zu Recht außen vor gelassen. Oder andersherum: Wenn sie alle Infos bekommen, könnt ihr die Befürchtung minimieren, etwas Wichtiges verpasst zu haben.

Hæck Nr. 30

Wertet euer Feedback aus

Schaut euch im Nachgang zum Meeting die Rückmeldungen aus »*I liked/I wished*« und der ROTI-Methode an. Folgende Fragen können bei der Auswertung hilfreich sein:

01 **Welche Ideen können im nächsten Meeting einfach umgesetzt werden?**

02 **Was läuft schon richtig gut?**

03 **Worauf möchte ich beim nächsten Mal stärker achten?**

04 **Was möchte ich beibehalten, obwohl jemand Kritik geübt hat?**

05 **Was kann ich als Moderation schon bei der Planung des nächsten Termins verändern?**

06 **Wo möchte ich die Teilnehmenden stärker in die Verantwortung nehmen?**

07 **Welche Veränderungen sollte ich beim nächsten Mal ausführlicher erläutern, um mehr Akzeptanz zu erzielen?**

08 **Muss ich das Meeting insgesamt hinterfragen und gibt es dafür vielleicht einen geeigneteren Meetingtyp?**

Die Fragen beleuchten ganz bewusst auch, was gut gelaufen ist. Viel zu schnell konzentriert ihr euch sonst nur auf das kritische Feedback. Das führt auf Dauer zu Frust, vor allem, wenn ihr euch viel Mühe vor und im Meeting gegeben habt, richtig gut zu moderieren.

Tipps aus der Praxis:
Falls ihr euch bei einem Feedback nicht sicher sein solltet, fragt noch einmal nach, was genau damit gemeint war. Es gibt manche Kollegen und Kolleginnen, die immer ein Haar in der Suppe finden wollen. Deshalb dürft ihr auch entscheiden, welches Feedback ihr nicht an euch ranlassen wollt. Wenn ihr etwas Neues ausprobiert, dann könnt und müsst ihr anfangs mit ein bisschen Gegenwind rechnen. Die meisten Menschen mögen keine Veränderung. Die Kritik könnte also anfangs etwas heftiger ins Haus wehen. Lasst euch nicht beirren, Veränderung schmeckt am Anfang nicht unbedingt süß.

Hæck Nr. 31

Bereitet das nächste Meeting vor

Dank des Feedbacks habt ihr jetzt genügend Futter, um das nächste Meeting wiederum ein Stück besser zu gestalten. Schnappt euch eine kleine Auswahl von Verbesserungswünschen und plant sie für das nächste Treffen ein.

Sollten für Kritikpunkte keine passenden Optimierungsideen dabei sein, könnt ihr natürlich auch den Hæcks-Werkzeugkasten aufklappen und euch bedienen.

Vielleicht wollt ihr eine neue Check-in-Frage ausprobieren oder ein Silent Brainwriting einbauen. Wichtig dabei: Versucht nicht, allzu viel Neues in das nächste Meeting zu packen. Das kann euch selbst, aber euch die Teilnehmenden überfordern.

Welchen Hæck probierst du heute aus?

+++Exkurs+++

Souveräner Umgang mit schwierigen Situationen in Meetings

Selbst wenn ihr Meetings wirklich gut vorbereitet, wird es in der Durchführung immer wieder Situationen geben, die für euch als Moderierende herausfordernd sind. Das lässt sich nicht vermeiden – schließlich arbeiten wir mit Menschen, nicht mit Maschinen. Wir haben acht anspruchsvolle Szenarien gesammelt und stellen euch dazu passende Lösungsansätze vor.

01. Geringe Beteiligung der Gruppe

Die Anwesenden reagieren kaum auf Fragen oder Impulse – es entsteht betretenes Schweigen.

WEGE AUS DER SITUATION

- Aktivierende Fragen stellen: »*Was denkt ihr spontan dazu?*«
- Teilnehmende direkt ansprechen: »*Max, magst du mal anfangen?*«
- Kurze Kleingruppen- oder Partnerphasen einbauen: »*Bitte diskutiert das zu zweit für 2 Minuten*«

02. Offene Ablehnung oder Abwehrhaltung

Hier habt ihr es nicht nur mit Zurückhaltung zu tun. Es fallen ironische oder sarkastische Bemerkungen. Demonstrative Passivität oder sogar offene Ablehnung gefährden die Zusammenarbeit im Meeting.

- Hypothese formulieren: »*Ich habe den Eindruck, es herrscht Skepsis – stimmt das?*«
- Betroffene einbeziehen: »*Was würde dir helfen, dich einzubringen?*«
- Das Meeting abbrechen: Wenn zu diesem Zeitpunkt keine vernünftige Zusammenarbeit mehr möglich sein sollte – weil etwa andere Themen das Meeting überschatten –, ist ein Abbruch zwar ein mutiger, aber auch wichtiger Schritt.

WEGE AUS DER SITUATION

Wichtige Hinweise:
In den allermeisten Fällen hat die Ablehnung überhaupt nichts mit euch als Person zu tun. Falls doch, lohnt sich ein Einzelgespräch nach dem Meeting.

Es geht nicht darum, zu konfrontieren, sondern wirklich verstehen zu wollen, woher die Ablehnung rührt. Eure Haltung als Moderation macht den Unterschied, ob sich die Teilnehmenden öffnen und ihre Beweggründe offenlegen.

03. Einzelne reißen das Gespräch an sich

Eine oder mehrere Personen sprechen so viel, dass andere kaum zu Wort kommen. Das Ungleichgewicht an Redeanteilen sorgt für Frust.

- Redezeit aktiv begrenzen: »*Danke für deinen Beitrag. Mit Blick auf die verbleibende Zeit möchte ich gerne mit dem nächsten Punkt weitermachen.*«
- Zielgerichtete Ansprache der stillen Teilnehmenden: »*Lisa, du hattest vorhin genickt – magst du deine Sicht ergänzen?*«
- Metakommunikation nutzen: »*Ich habe deine Argumentation verstanden, Michael. Ich möchte gerne auch andere Leute aus der Runde hören. Sonst sind die Redeanteile ungleich verteilt.*«

WEGE AUS DER SITUATION

04. Teilnehmer fallen sich gegenseitig ins Wort

Viele reden gleichzeitig oder reagieren direkt auf eine Aussage – ohne abzuwarten bis der Gedanken zu Ende geführt wurde. Die Gesprächsstruktur wird unübersichtlich. Es entstehen Hektik oder Gereiztheit.

WEGE AUS DER SITUATION

- Regeleinhaltung einfordern: Wenn eine Person spricht, hören die anderen zu.
- Ihr steuert das Gespräch bewusst und ruft aktiv Personen auf: *»Ich sammle jetzt der Reihe nach drei Wortmeldungen. Wir beginnen mit Marion, danach kommt Armin und dann Heidi.«*
- Handzeichen einführen: Die Teilnehmenden heben die Hand für Wortmeldungen.

05. Konflikte werden im Meeting ausgetragen

Es kommt zu Spannungen und Meinungsverschiedenheiten zwischen einzelnen Teilnehmenden. Die kommunikative Spannbreite reicht von ironischen Seitenhieben über offen ausgesprochene Unterstellungen bis hin zu verbalen Attacken. Mancher Konflikt brodelt auch »*nur*« unter der Oberfläche und hemmt trotzdem den Gruppenprozess.

WEGE AUS DER SITUATION

- Konflikt neutral benennen: »*Ich nehme gerade Spannung wahr – lasst uns kurz einordnen, worum es euch geht.*«
- Kurze Pause ermöglichen, um Druck rauszunehmen.
- Abbruch des Meetings, wenn der Konflikt einen sinnvollen Ausgang des Meetings verhindert.

06. Die Gruppe ist müde oder unkonzentriert

Die Aufmerksamkeit lässt spürbar nach – Gähnen, abschweifende Blicke oder monotone Stimmen dominieren das Setting. Inhaltlich geht nichts mehr voran.

- Aktivierende Methoden einsetzen: Bewegung oder kurze Gruppenarbeit.
- Kurze Pause einlegen, etwa mit Frischluft oder Stretching.
- Fokus auf das Wesentliche legen: »*Was muss heute noch entschieden werden? Was hat auch bis zum nächsten Treffen Zeit?*«

WEGE AUS DER SITUATION

07. Teilnehmende verfolgen eigene Agenda

Einzelne bringen Themen ein, die wenig mit dem eigentlichen Ziel des Meetings zu tun haben. Der Gesprächsverlauf driftet immer wieder ab in persönliche Anliegen oder Nebenschauplätze.

- Auf (visualisierte) Agenda hinweisen und Themenparkplatz anbieten.
- Rückfragen stellen: »*Wie zahlt dein Thema auf unser Ziel ein?*«
- Gespräch aktiv zurückführen: »*Wir waren bei Punkt 2 – bleiben wir bitte dort.*«

WEGE AUS DER SITUATION

08. Wiederholungen ohne Erkenntnisgewinn

Immer wieder werden bereits genannte Argumente neu formuliert, ohne dass neue Aspekte entstehen. Die Gruppe kreist um dieselben Inhalte und kommt nicht voran.

- Beiträge zusammenfassen: »*Ich höre heraus, dass … – Stimmt das so?*«
- Entscheidung einleiten: »*Was braucht es, damit wir weitergehen können?*«
- Die Metaebene anbieten: »*Warum drehen wir uns hier gerade im Kreis?*«

WEGE AUS DER SITUATION

Unsere Auflistung hat natürlich nicht den Anspruch auf Vollständigkeit. Und sicher gibt es auch noch ganz andere Lösungsansätze, um die geschilderten Szenarien zu meistern. Wenn ihr euch noch mehr Wissen zum Thema Moderation in Meetings wünscht, schaut gerne auf der Website von Neue Meetingkultur vorbei.

Einmal tief durchatmen

31 Hæcks. Wo sollt ihr da nur anfangen? Bevor euch das Gefühl der Überforderung übermannt: Einmal tief einatmen! Und das Ausatmen nicht vergessen.

01 Ihr müsst nicht alle Hæcks nutzen, nur weil es sie gibt.

02 Nicht jeder Hæck ist für eure Meetingkultur geeignet.

03 Fangt mit ein bis zwei Hæcks an, die ihr euch zutraut und die mit wenig Aufwand für euch verbunden sind.

Im Kapitel »*Starthilfe für eure Umsetzung*« zeigen wir euch, wie ihr einen Gameplan für die ersten Wochen zusammenstellt. An diesem Plan könnt ihr euch gut entlanghangeln. Auch das sorgt für Klarheit und Sicherheit.

Was ist mit Online-Hæcks?

Wir wissen natürlich, dass Online-Meetings zu eurem Alltag gehören. Und wir wissen, dass auch bei diesen Meetings häufig Luft nach oben ist. Alle beschriebenen **31 Hæcks** lassen sich auch in Online-Meetings anwenden. Falls der Hæck in der Online-Version anders angewendet wird oder Hilfsmittel nötig sind, haben wir es in der Beschreibung vermerkt. Es gibt natürlich auch viele Hæcks, die speziell für Online-Meetings gelten. Wir haben uns lange überlegt, ob wir Online-Hæcks auch in dieses Buch mit aufnehmen wollen.

Wir haben uns letztlich dagegen entschlossen aus dem einfachen Grund: Alle Screenshots von Online-Tools und Technik-Empfehlungen sind mit dem Druck des Buches schon veraltet. Zum Beispiel werden sich die Benutzeroberflächen verändert haben, neue Funktionen wurden ergänzt und manche Produkte gibt es vielleicht schon gar nicht mehr. Bei einem gedruckten Buch regelmäßige und kurzfristige Updates zu fahren, ist schwierig.

Deshalb stellen wir euch unsere Online-Hæcks kostenfrei auf unserer Website zur Verfügung. Dort können wir schnell auf Veränderungen der Tools reagieren und auch jederzeit neue Werkzeuge ergänzen, wenn etwas sinnvolles Neues auf den Markt kommt.

Einen Online-Hæck können wir uns nicht verkneifen

Wenn ihr uns fragt, was denn der eine große Hebel ist, um eure Online-Zusammenarbeit besser zu machen, gibt es nur eine Antwort: Holt euch ein Online-Whiteboard. Die drei bekanntesten Anbieter am Markt sind Miro, Mural und Conceptboard. Auch MS Teams und Zoom haben hauseigene Boards im Angebot.

Wir haben im Abschnitt zur asynchronen Kommunikation (siehe Kapitel »*Weniger Meetings*«) schon über digitale Whiteboards gesprochen.

Die Vorteile eines Online-Whiteboards auf einen Blick:

- Zusammenarbeit in Echtzeit: Ihr könnt simultan Ideen entwickeln, Inhalte hinzufügen und ändern, als wärt ihr zusammen in einem Meetingraum vor Ort – egal wo auf der Welt ihr gerade sitzt.
- Asynchrones Zusammenarbeiten: Ihr könnt auch vor oder nach Meetings Inhalte ergänzen und weiterentwickeln.
- Interaktive Visualisierung: Komplexe Sachverhalte lassen sich durch Bilder, Zeichnungen, Diagramme und virtuelle Klebezettel anschaulich darstellen und erläutern. Selbst Erklärvideos können auf der Oberfläche untergebracht werden.
- Vorlagen für verschiedene Anlässe: In der »*Bibliothek*« der Whiteboards findet ihr etliche Vorlagen, die ihr entweder eins zu eins verwenden oder für eure Zwecke abändern könnt, zum Beispiel für Retros, Ideenentwicklung, Strategie-Workshops.
- Blitzschnelle Protokoll-Erstellung: Mit einem Klick könnt ihr ein PDF vom gesamten Whiteboard erstellen und an alle im Nachgang zum Meeting verschicken.

Navigation und Nutzung der Whiteboards sind sehr intuitiv, sodass sich eure Kolleginnen und Kollegen schnell darauf zurechtfinden werden, egal wie viel technische Vorerfahrung sie mitbringen. Auf unserer Website stellen wir euch neben den anderen Online-Hæcks auch Erklärvideos zur Verfügung, die euch und euren Teammitgliedern den Einstieg in die Whiteboard-Nutzung erleichtern: www.neuemeetingkultur.de/buch

Gibt es auch Hæcks zu hybriden Meetings?

Von hybriden Meetings sprechen wir, wenn ein Teil der Gruppe zusammen vor Ort im Meetingraum sitzt und andere Teilnehmende virtuell zugeschaltet werden. Selbstverständlich könnt ihr die oben beschriebenen Hæcks auch auf hybride Meetings anwenden. Manchmal benötigt ihr allerdings den dazu beschriebenen Online-Twist.

Es gibt auch viele weitere Tipps und Werkzeuge, um Hybrid-Meetings angenehmer zu gestalten. Ähnlich wie bei den Online-Hæcks haben wir uns entschieden, diese nicht mit ins Buch aufzunehmen. Diesmal aus einem anderen Grund:

Wir sind ehrlich gesagt keine großen Freunde von hybriden Meetings. Die Gründe, warum wir skeptisch auf hybride Meetings schauen, liegen für uns auf der Hand:

- Ungleiche Bedingungen: Remote-Teilnehmende fühlen sich oft benachteiligt, da sie weniger präsent wirken als die vor Ort Anwesenden.
- Schwierige Interaktion: Spontane Gespräche und nonverbale Kommunikation sind für Remote-Teilnehmende schwer oder gar nicht wahrzunehmen. Durch Latenz zeitverzögerte Antworten unterbrechen den normalen Gesprächsfluss.
- Technische Probleme: Verbindungsabbrüche, schlechte Audioqualität oder inkompatible Tools stören den Ablauf.
- Moderationsaufwand: Die Moderation muss ständig darauf achten, dass alle die wichtigsten Infos mitbekommen und auch die Chance haben, sich am Meeting zu beteiligen.

- Teamgefühl leidet: Der deutlich geringere informelle Austausch sorgt beim Remote-Teilnehmenden für ein Gefühl des Abgehängtseins. Die Gefahr der Lagerbildung steigt.

Uns ist selbstverständlich bewusst, dass hybride Meetings zum Alltag gehören, auch wenn wir keine großen Fans dieser Form von Meetings sind. Das hilft euch jetzt allerdings wenig weiter. Was euch hoffentlich weiterhilft: Auf unserer Website stellen wir euch technische Hilfsmittel vor, die das Meetingerlebnis für alle Teilnehmenden spürbar interaktiver machen, egal ob vor Ort oder remote. Wenn ihr häufiger Hybrid-Meetings habt und sie auch beibehalten möchtet, lohnt es sich auf jeden Fall, in wirklich gute Technik zu investieren.

Wie immer findet ihr die Tipps auf: www.neuemeetingkultur.de/buch

Quick Win

Eine erste schnelle Abhilfe ist der **Einsatz eines Online-Whiteboards**, wie im vorausgehenden Abschnitt beschrieben. Alle Teilnehmenden können in Echtzeit ihre Gedanken darauf teilen. Dafür ist es nur erforderlich, dass alle vor Ort Anwesenden ebenfalls einen Rechner vor sich haben, um auf das Whiteboard zugreifen zu können.

100 Prozent digital statt hybrid

Das hört sich jetzt vielleicht ein bisschen rigoros an: Bevor wir ein Meeting hybrid ansetzen, entscheiden wir uns immer für eine reine Remote-Variante. Heißt: Alle Teilnehmenden wählen sich von ihrem eigenen Rechner aus ins Meeting ein.

So haben alle Teilnehmenden die gleichen Voraussetzungen, niemand fühlt sich abgehängt und alle benutzen die gleichen Tools. Dadurch entsteht im Meeting ein Gefühl von Augenhöhe, egal wo die Teilnehmenden gerade sitzen. Ein reines Online-Meeting ist für euch auch deutlich leichter vorzubereiten und zu moderieren als die Hybrid-Variante.

Die Meetingtypen

Viele der vorgestellten Meeting-Hæcks werdet ihr auch in den Meetingtypen wiederfinden. Die Hæcks fungieren ja als Werkzeuge, die grundsätzlich jedes Meeting qualitativ ein Stück besser machen können. Bei den Meetingtypen handelt sich um ganz eigenständige Formate, die wir euch Schritt für Schritt beschreiben. Insgesamt unterscheiden wir sechs verschiedene Meetingtypen, die wir in drei Kategorien eingeteilt haben. Alle haben einen bestimmten Zweck und verfolgen damit auch unterschiedliche Ziele. Um das richtige Meeting für den richtigen Zweck zu finden, ist für euch vor allem die folgende Frage entscheidend:

Warum wollen wir uns überhaupt zu einem Meeting treffen?

Warum wollen wir uns überhaupt zu einem Meeting treffen?

Das klingt jetzt erst einmal ziemlich banal, zugegeben. Allerdings zeigt die Realität, dass diese Frage viel zu selten ernsthaft gestellt wird. Wie könnte es sonst sein, dass vielen Teilnehmenden nicht klar ist, …

… warum sie eingeladen wurden,

… warum das Meeting überhaupt angesetzt wurde,

… was von ihnen verlangt wird oder

… was das Ergebnis des Meetings sein soll?

Erinnert euch an den allerersten Hæck: Wenn die einladende Person schon nicht weiß, wo es hingehen soll, wie sollen es dann die Teilnehmenden wissen?

Das kann natürlich an der fehlenden aussagekräftigen Einladung liegen. Wir gehen eher davon aus, dass die einladende Person es oft selbst nicht genau weiß. Wenn das Thema wichtig genug erscheint, ihr alleine nicht weiterkommt oder den Wunsch verspürt, euch auszutauschen, wird ein Meeting eingestellt. Und selbst wenn euch bewusst ist, dass ihr noch gar nicht genau wisst, was das Ergebnis des Meetings sein soll, wird die Einladung trotzdem verschickt – nach dem Motto *»Im Termin wird sich schon irgendwas Brauchbares ergeben«*.

Konvolut-Meetings – Orte maximaler Verwirrung

Das fehlende Warum wird in Konvolut-Meetings besonders deutlich, also Meetings, die viele verschiedene Zwecke in sich vereinen: Es soll diskutiert und über den aktuellen Projektstand informiert werden. Außerdem sollen Ideen gesammelt, Infos weitergegeben, Probleme beleuchtet und persönlicher Austausch möglich gemacht werden. Es wird also wahllos alles in ein Meeting reingestopft, was nicht niet- und nagelfest ist. Die Gelegenheit erscheint günstig: »*Wenn wir uns eh zum Meeting treffen, dann können wir auch gleich noch …*«

Das ist auch alles nachvollziehbar. Das Problem dabei ist nur, dass den allermeisten Teilnehmenden in Konvolut-Meetings gar nicht klargemacht wird, warum das Meeting einberufen wurde. So vermischen sich die verschiedenen Zwecke und sorgen für maximale Verwirrung: Wird gerade nach einer Einschätzung gefragt? Wollen wir eine Entscheidung treffen? Oder ist diese bereits gefällt? Ist an der Entscheidung noch zu rütteln?

Selbstverständlich könnt ihr in Meetings mehr als ein Ziel verfolgen. Und es ist auch möglich, hart zu diskutieren und beim nächsten Punkt gemeinsam Entscheidungen zu treffen. Allerdings muss die Moderation für Klarheit sorgen, welcher Punkt gerade behandelt wird und was von den Teilnehmenden verlangt wird.

Wie ihr ein solches Konvolut-Meeting erfolgreich entwirrt und zu guten Ergebnissen kommt, lest ihr im Kapitel »*Starthilfe für eure Umsetzung*«. Dort gibt es einen eigenen Abschnitt genau zu diesem Thema.

Die Meeting-Matrix

Die Meeting-Matrix ist nicht nur das Herzstück der Meetingtypen. Sie ist auch eure beste Freundin, wenn ihr für euren anvisierten Zweck das geeignete Format finden möchtet. So sieht die Meeting-Matrix aus:

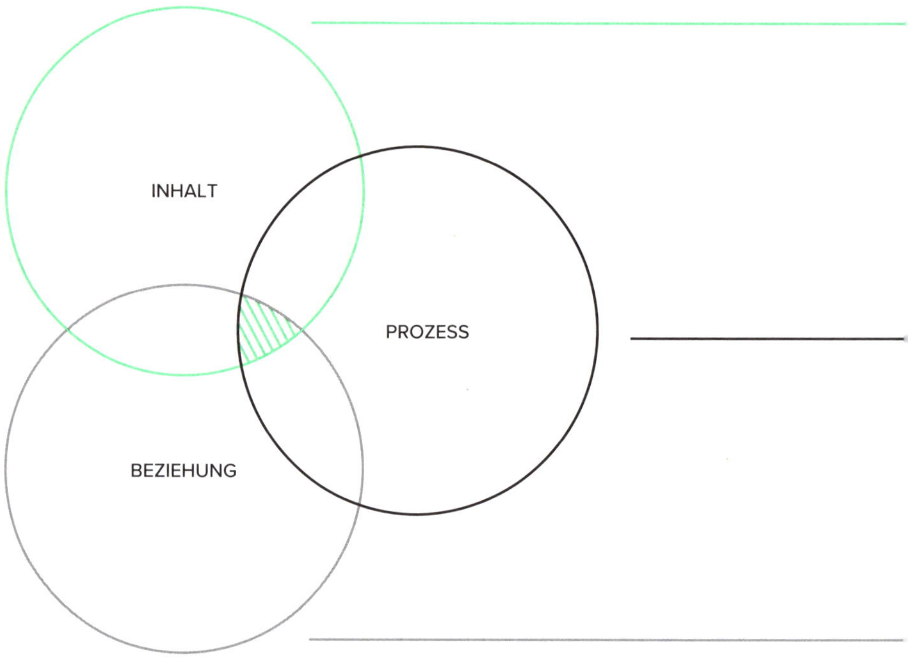

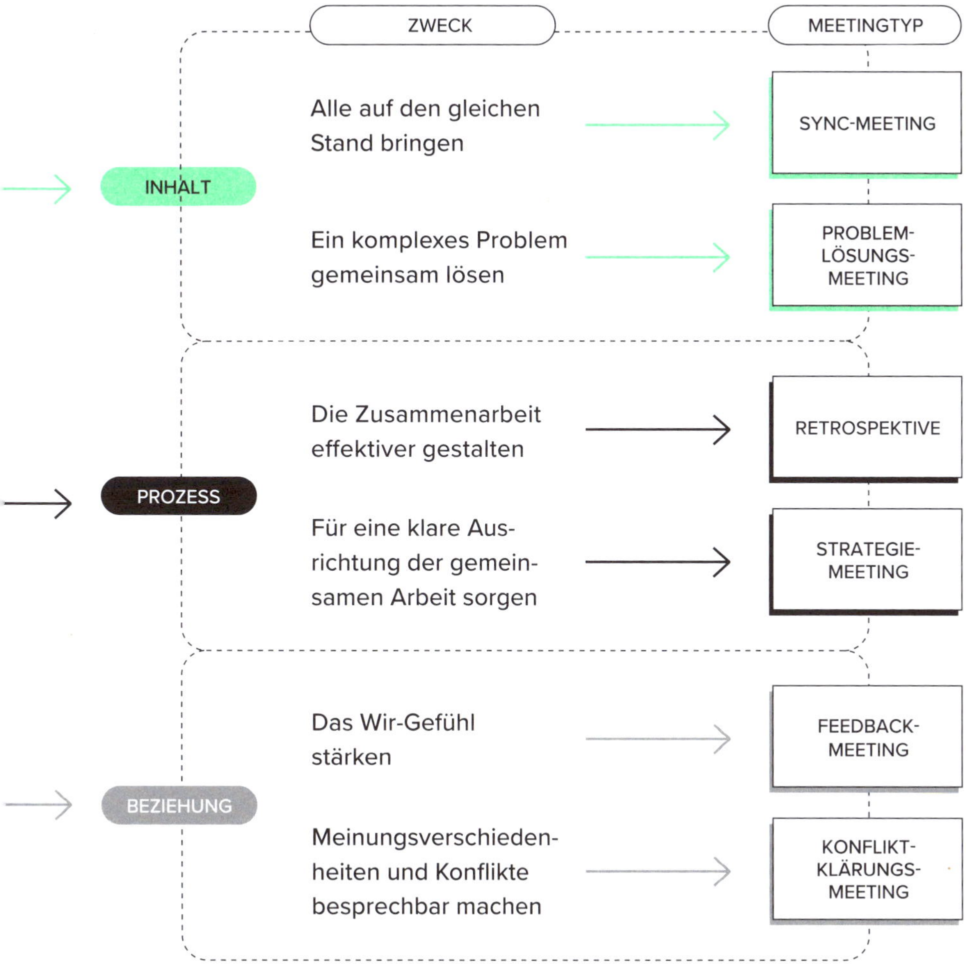
ZWECK
MEETINGTYP
INHALT
Alle auf den gleichen Stand bringen
SYNC-MEETING
Ein komplexes Problem gemeinsam lösen
PROBLEM-LÖSUNGS-MEETING
PROZESS
Die Zusammenarbeit effektiver gestalten
RETROSPEKTIVE
Für eine klare Ausrichtung der gemeinsamen Arbeit sorgen
STRATEGIE-MEETING
BEZIEHUNG
Das Wir-Gefühl stärken
FEEDBACK-MEETING
Meinungsverschiedenheiten und Konflikte besprechbar machen
KONFLIKT-KLÄRUNGS-MEETING

Die drei Kategorien der Meeting-Matrix

Wir unterscheiden drei Kategorien:

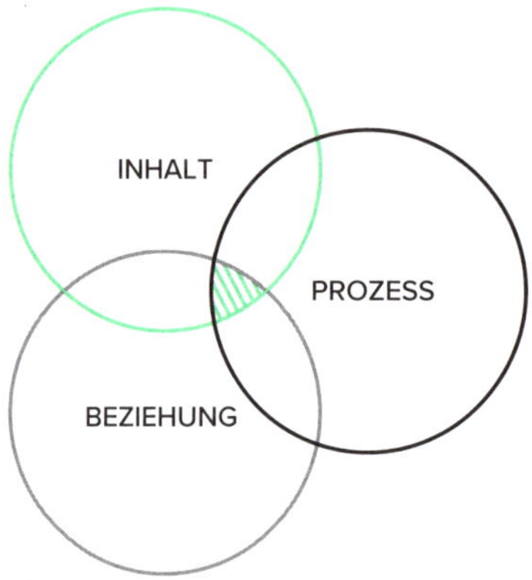

01 Inhalt: Wollen wir das Thema voranbringen?

02 Prozess: Wollen wir unsere Zusammenarbeit verbessern?

03 Beziehung: Wollen wir am Zwischenmenschlichen arbeiten?

Bevor ihr ein Meeting ansetzt, lohnt sich die Frage, woran ihr eigentlich arbeiten wollt. Die Fragestellung erscheint erst einmal trivial, ist sie aber nicht. Dieser Zwischenschritt hilft euch enorm beim Schärfen eures Meetingzwecks. Wie ihr seht, sind die Kategorien nicht trennscharf, sondern haben Überschneidungen.

Hier ein Beispiel, warum das so ist: Das Projekt steht im Moment still, weil ein technischer Defekt die Weiterarbeit verhindert. Sonja stellt ein Meeting ein, um gemeinsam eine probate Lösung zu finden. Vordergründig dreht es sich nur um die technische Lösungsfindung (Inhalt). Allerdings ärgert sie sich auch, dass solche Dinge immer wieder auftauchen (Prozess). Außerdem vermutet sie, dass Tobias fahrlässig war und den Fehler zu verschulden hat. Sie ist deshalb wütend auf ihn (Beziehung).

Inhalt, Prozess oder Beziehung?

Sonja könnte jetzt versuchen, in ihrem angesetzten Meeting eine technische Lösung zu finden, gleichzeitig den Informationsfluss zu optimieren und mit Tobias ein klärendes Gespräch zu führen. Durch die Vermischung der drei Kategorien steht der Erfolg des Meetings von Anfang an auf wackeligen Beinen.

Die Lösung: Sonja entscheidet sich für eine der drei Kategorien und zieht das Meeting durch.

Szenario A:

Der Zeitdruck ist groß, deshalb muss Sonja schnell handeln. Sie nutzt dafür ein Problem-Lösungs-Meeting.

Szenario B:

Sie nimmt den Stillstand zum Anlass, um mithilfe der Retrospektive zu schauen, wo in der Zusammenarbeit noch Verbesserungsbedarf ist.

Szenario C:

Sonja bittet um ein Konflikt-Klärungs-Meeting mit Tobias, weil sie merkt, dass zuerst die persönliche Beziehung wiederhergestellt sein muss, bevor sie zusammen mit Tobias nach einer inhaltlichen Lösung suchen kann.

Zwischenfazit: Wenn ihr von Anfang an wisst, dass es um fachliche Themen, um eure Zusammenarbeit oder um zwischenmenschliche Aspekte geht, könnt ihr gezielt das passende Format wählen.

Lasst ihr diesen Schritt aus, kann Folgendes passieren: Ihr steckt in langwierigen Status-Meetings fest, obwohl es um eine Entscheidung gehen müsste. Konflikte schwelen weiter, weil sie im falschen Rahmen besprochen werden und dort nicht gelöst werden können. Wichtige strategische Fragen werden mit Befindlichkeiten Einzelner verwechselt. Auf Dauer leidet eure Zusammenarbeit darunter. Die Effektivität lässt nach und die Unzufriedenheit im Team nimmt zu.

Die Frage nach dem Zweck

Erinnert euch: Unser erster Hæck lautet »*Definiert das Ziel eures Meetings*«. Warum wollt ihr euch eigentlich treffen? Was wollt ihr erreichen? Was soll nach dem Meeting anders sein als vorher? Welche Gründe rechtfertigen ein Meeting? Kennt ihr den Zweck eures Meetings, habt ihr für alle diese Fragen eine glasklare Antwort. Wenn ihr wisst, wofür das Meeting gut sein soll, dann ist die Auswahl des geeigneten Meetingtyps ein Kinderspiel.

Passung zwischen Zweck und Meetingtyp

In den drei Kategorien findet ihr jeweils zwei Zwecke, die euch die Wahl des Meetingtyps noch einmal erleichtern:

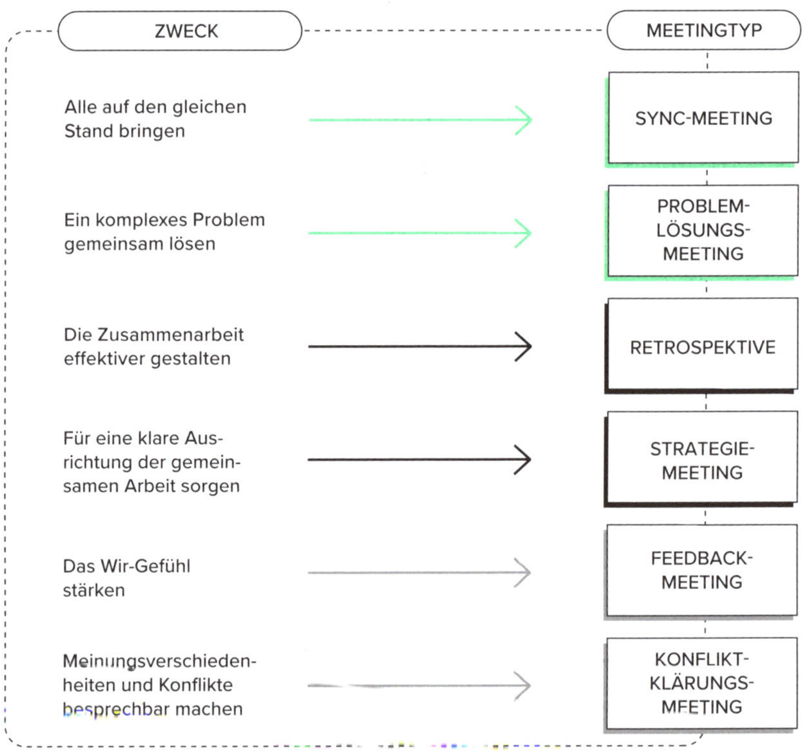

Inhalt:

01 Wollen wir uns gegenseitig auf den neuesten Stand bringen? Sync-Meeting

02 Wollen wir zusammen ein konkretes Problem anpacken? Problem-Lösungs-Meeting

Prozess:

03 Wollen wir unsere Zusammenarbeit reflektieren und verbessern? Retrospektive

04 Wollen wir die Zusammenarbeit der nächsten Monate planen? Strategie-Meeting

Beziehung:

05 Wollen wir einen Konflikt oder eine Meinungsverschiedenheit klären? Konflikt-Klärungs-Meeting

06 Wollen wir uns um unsere zwischenmenschlichen Beziehungen kümmern? Feedback-Meeting

Warum sind es nur sechs Meetingtypen?

Bei der Recherche für dieses Buch haben wir etliche unserer Kundinnen und Kunden und Menschen aus unserem Netzwerk nach ihrem Meetingalltag befragt:

01 **Welche Arten von Meetings stehen bei euch im Kalender?**

02 **Wie häufig habt ihr diese Meetings?**

03 **Was ist das Ziel dieser Besprechungen?**

04 **Welche Meetings sind nützlich und welche könntet ihr auch weglassen?**

Die Erkenntnisse haben wir geclustert und dabei haben sich die sechs Zwecke herauskristallisiert. Für diese Zwecke haben wir nach bestehenden Meetingformaten Ausschau gehalten oder eigene Meetingtypen entwickelt.

Erst im Gespräch mit einem Trainerkollegen (Danke, Daniel!) haben wir festgestellt, dass die Frage nach der richtigen Kategorie einen echten Mehrwert für euch liefert. Ihr könnt euch dann noch sicherer sein, dass ihr den richtigen Meetingtyp gewählt habt.

Die Vorteile der Meetingtypen

Für die reine Infoweitergabe braucht ihr ja kein Meeting mehr. Dafür nutzt ihr asynchrone Kommunikation. Schätzungsweise 95 Prozent eurer restlichen Meetingbedürfnisse könnt ihr mit den sechs Meetingtypen locker abdecken.

Genau wie bei der Auswahl der Hæcks haben wir darauf geachtet, dass die Meetingtypen so einfach beschrieben werden, dass ihr sofort in die Umsetzung gehen könnt, auch wenn die Meetingtypen natürlich etwas umfangreicher sind.

Ihr findet zu jedem Meetingtyp eine Schritt-für-Schritt-Anleitung mit Zeitangaben, Teilnehmendenzahl, nützlichen Fragestellungen, vorausgewählten Check-ins und mit Tipps aus der Praxis. An manchen Stellen findet ihr auch praktische Beispiele, um den Schritt besser nachvollziehen zu können.

Die Anleitungen sollen euch nicht einengen, sie sollen euch Sicherheit geben. Ihr könnt auch während des Meetings in den Ablaufplan schauen, ob ihr noch richtig unterwegs seid und auch nichts vergessen habt.

Wenn ihr einen Meetingtyp schon länger nicht mehr durchgeführt habt, dann könnt ihr die Anleitung auch zur Vorbereitung immer wieder zur Hand nehmen. Apropos Vorbereitung: Habt ihr euer Meeting-Format gewählt, fallen euch folgende Entscheidungen viel leichter:

01 Wie viel Zeit planen wir für den Termin ein?

02 Wen laden wir ein? Wen nicht?

03 Wie schaut die Agenda aus?

04 Moderiert jemand von uns oder bitten wir jemanden aus dem Nachbarteam?

05 Was können wir jetzt schon vorbereiten?

Der Aufbau der Meetingtypen

Die Schritt-für-Schritt-Anleitungen folgen alle dem gleichen Muster:

- **Zweck des Meetings:**
  Warum ihr euch trefft
- **Warum der Meetingtyp eine gute Idee ist:**
  Vorteile des Meetingtyps (Nutzen)
- **Teilnehmende:**
  Wer/wie viele Personen
- **Dauer:**
  Einzuplanende Zeit
- **Frequenz:**
  Wie oft der Termin stattfindet
- **Feste Rollen:**
  Moderation und eventuell Zusatzrollen
- **Ablauf:**
  Nummerierte Abfolge der einzelnen Schritte
- **Charakter des Meetings:**
  Was das Meeting von anderen unterscheidet

Tipps aus der Praxis:
Starthilfen, Mutmacher und Hinweise zu Stolpersteinen

Kategorie: Inhalt

Das Sync-Meeting – Alle auf den gleichen Stand bringen

▶ Zweck des Meetings:

Abgleich zu Projektständen/Planung der Zusammenarbeit

▶ Warum das Sync-Meeting eine gute Idee ist:

Projektstatus- und andere operative Meetings mutieren gerne mal zu endlos erscheinenden »*Laber-Runden*«. Auf Dauer ist das ganz schön zäh und frustrierend. Schließlich sind solche Formate ja häufig keine Eintagsfliege, sondern Regeltermine. Das Sync-Meeting lässt keinen Raum für Endlosdiskussionen oder Selbstdarstellereien – es ist einzig und allein auf Effizienz getrimmt. Regelmäßig und in kürzester Zeit bringt es alle Teammitglieder auf den aktuellen Stand von Projekten, Aufgaben und möglichen Hindernissen. Es stellt sicher, dass alle im Team auf dem gleichen Wissensstand sind und sorgt damit für Klarheit und Transparenz im gesamten Projektverlauf. Durch die klare Struktur bleibt das Meeting fokussiert, spart Zeit und schafft damit die Basis für eine produktive Zusammenarbeit.

Wir unterscheiden zwischen zwei Formen eines Sync-Meetings:

- **Das Daily:** Das knackige Mini-Sync-Meeting für jeden Tag
- **Das Weekly:** Für die wöchentliche Synchronisation

Das Daily – das knackige Mini-Sync-Meeting für jeden Tag

▶ Zweck des Meetings:

Kurzes Team-Update zum aktuellen Stand von Projekten, Aufgaben und möglichen Hindernissen

▶ Teilnehmende:

Projektteam ab 3 Personen

▶ Dauer:

15 Minuten (absolutes Maximum)

▶ Frequenz:

Täglich oder alle 2 Tage

▶ Feste Rollen:

Moderatorin oder Moderator

▶ Ablauf:

Jeden Tag zur selben Uhrzeit trifft sich das Team zum Beispiel am Stehtisch, in der Teeküche oder im virtuellen Raum für maximal 15 Minuten. Keine Sekunde länger!

Reihum beantwortet ihr diese drei Fragen:

- Was habe ich seit dem letzten Daily erreicht?
- Was erledige ich heute oder bis zum nächsten Daily?
- Gibt es Hindernisse oder brauche ich Unterstützung?

▶ Charakter des Meetings:

Schnell und auf den Punkt

Der knappe Zeitrahmen sorgt dafür, sich auf das Wesentliche zu konzentrieren. Danach geht es sofort an die Umsetzung. Ganz wichtig: Das Daily ist kein Ort für tiefer gehende Analysen oder Entscheidungsfindungen. Falls es Diskussionsbedarf gibt, wird ein separates Gespräch im Nachgang angesetzt. Dafür braucht es nicht die große Runde. In Scrum-Teams hat sich dieses Meetingformat längst als grundlegender Baustein etabliert.

Tipps aus der Praxis:
Haltet das Mini-Meeting am besten täglich (oder je nach Bedarf auch alle zwei Tage) zur gleichen Zeit ab – als fixen Bestandteil eures Tages. Glaubt uns: Auch wenn es erst einmal nach Extra-Aufwand aussieht, spart ihr euch durch den kurzen Austausch jede Menge Zeit. Solltet ihr feststellen, dass ihr keinen Bedarf habt, euch täglich/zweitäglich zu treffen, schaut euch bitte unbedingt den zweiten Sync-Meetingtyp an: das Weekly. Feste Moderation oder rotierende Rolle? Das Team kann entscheiden, ob eine Person dauerhaft moderiert oder ob ihr durchwechseln wollt.

Wichtig: Die Moderation sorgt für Disziplin und stoppt Diskussionen konsequent. Ein Daily ergibt für euch nur dann Sinn, wenn ihr gemeinsam an einem Thema, Produkt oder an einem Projekt arbeitet. Nur dann braucht ihr auch eine enge Abstimmung. Gerade in etwas hektischeren Projektphasen ist das Daily Gold wert. Wenn ihr laut Organigramm zwar ein Team seid, ihr aber alle einzeln an unterschiedlichen Projekten arbeitet, dann bringt das Daily für euch keinen Mehrwert. Dann ist es nur Zeitabsitzen.

Das Weekly – für die wöchentliche Synchronisation

▶ Zweck des Meetings:

Regelmäßiges Projekt-Update und Koordination der Zusammenarbeit für die kommende Woche

▶ Ziel:

Alle wissen über den aktuellen Status des Projekts, die Herausforderungen und die nächsten Schritte Bescheid.

▶ Teilnehmende:

Das ganze (Projekt-)Team

▶ Dauer:

Circa 60 Minuten – kann je nach Themen variieren

▶ Frequenz:

Wöchentlich

▶ Rollen:

Feste Moderation und Co-Moderation, um den Ablauf effizient zu steuern

▶ Ablauf:

Das Sync-Meeting ist modular aufgebaut. Ihr könnt es genau wie hier beschrieben nutzen oder ihr pickt euch einzelne Bausteine heraus und reichert euer Regelmeeting/Jour fixe an.

5 MIN

1. Check-in

Ein kurzer Einstieg, um alle ins Meeting zu holen. Zwei Fragen stehen dabei im Fokus:

- Wie geht es mir gerade?
- Was hat gerade meine größte Aufmerksamkeit?

Der Check-in ist freiwillig – wer nichts teilen möchte, hört einfach zu und sagt: »*Ich gebe weiter.*«

2. Checkliste: Regelmäßige Aufgaben abhaken 5 MIN

Wir gehen alle regelmäßig anfallenden und wiederkehrende Aufgaben des Teams durch, zum Beispiel:

- Wurde der Newsletter verschickt?
- Ist der Content-Plan für Social Media aktualisiert?
- Werden alle anstehenden Deadlines eingehalten?

Die Checkliste hilft euch, den Überblick über eure regelmäßigen To-dos zu behalten, und stellt sicher, dass ihr nichts überseht.

3. Kennzahlen und Ziele: Ein Blick auf Zahlen, Daten, Fakten 5 MIN

Falls euer Team mit Kennzahlen, OKRs oder anderen Zielsystemen arbeitet, könnt ihr hier den aktuellen Status checken:

- Sind wir auf Kurs oder gibt es Abweichungen?
- Welche Trends oder Muster zeichnen sich ab?
- Brauchen wir Anpassungen oder Maßnahmen?

Es geht hier nicht um tiefer gehende Analysen – es geht wirklich nur um einen schnellen Überblick. Wenn Fragen während der Vorstellung auftauchen, werden diese dann unter Punkt 5 »*Offene Agenda*« gestellt.

4. Projekt-Updates: Was hat sich seit dem letzten Weekly getan? 10 MIN

Für (Teil-)Projekte oder größere Aufgabenpakete stellen die Verantwortlichen ein kurzes Update vor.

Wichtig: Keine langen Monologe! Es wird nur das geteilt, was sich seit dem letzten Sync geändert hat. Die Updates können zum Beispiel nach dem »*Ampelprinzip*« ablaufen:

Grün = Alles läuft nach Plan, keine Diskussion nötig.
Gelb = Es gibt Herausforderungen, aber noch keine akuten Probleme.
Rot = Hier gibt es Hindernisse, ich benötige Unterstützung.

Wichtig: Nur rote Themen kommen im Anschluss in die offene Agenda, damit das Meeting nicht ausufert.

30 MIN

5. Offene Agenda: Das Herzstück des Meetings
Hier werden nun alle Themen und Anliegen aus eurem Team gesammelt, die in den vorherigen Punkten aufgekommen sind.

Wichtig: Zusätzlich können alle Teilnehmenden Themen einbringen, die sie besprechen möchten. Die Co-Moderation unterstützt etwa durch eine Priorisierung nach Dringlichkeit, damit die Agenda nicht chaotisch wird. Manche Themen können auch zusammengefasst werden. Die Moderation sorgt zudem dafür, dass sich niemand in Details verliert.

Ziel der offenen Agenda: Jeder bekommt das, was er benötigt, um weiterhin seinem Tagesgeschäft nachgehen zu können – seien es relevante Informationen oder neue To-dos. Falls Themen mehr Zeit brauchen, gibt es zwei Möglichkeiten:

- Direkt im Anschluss an das Meeting klären, wenn das in wenigen Minuten zu bewerkstelligen ist
- Ein separates Follow-up-Meeting vereinbaren

5 MIN

6. Check-out: Mit Klarheit aus dem Meeting gehen
Am Ende des Meetings gibt es eine kurze Zusammenfassung der festgehaltenen To-dos (Wer macht was bis wann?). Ein Blitzlicht-Runde zum Abschluss (»*Wie lief das Meeting heute für mich?*«) hilft, den Prozess kontinuierlich zu verbessern.

▶ Charakter des Meetings:

Regelmäßig für operative Klarheit sorgen

Das Weekly als euer wöchentlicher Boxenstopp bringt Struktur, operative Klarheit und Geschwindigkeit in eure Regelmeetings und sorgt dafür, dass alle im Team auf dem gleichen Stand sind: Alle Teammitglieder wissen, woran gerade gearbeitet wird, welche Herausforderungen es gibt und was als Nächstes ansteht. Kein endloses Blabla, keine unnötigen PowerPoint-Schlachten – sondern eine knackige, effiziente Synchronisation.

Ganz wichtig: Das Weekly ist kein Meeting für Grundsatzdiskussionen oder strategische Überlegungen – dafür haben wir ein anderes Format (siehe Meetingtyp »*Strategie-Meeting*«). Im Weekly geht es ausschließlich um operative Klarheit, damit alle bei euch im Team wissen, wo sie aktuell stehen und was als Nächstes zu tun ist.

Der Clou: Ihr müsst euch nicht stoisch an den skizzierten Ablauf halten. Ihr könnt euch Elemente aus dem Sync-Meeting herauspicken und euer bereits bestehendes Jour fixe effektiver machen.

Tipps aus der Praxis:
Disziplin pur – Sync-Meetings laufen effizienter ab, wenn sich alle Teilnehmenden an die Struktur halten. Strenge Moderation ist gefragt. Sie sorgt dafür, dass sich niemand in Diskussionen verliert. Sie steuert das Team klar durch die Agenda und verweist bei Abschweifungen auf die offene Agenda. Eine Co-Moderation unterstützt beim Dokumentieren und stellt sicher, dass alle To-dos festgehalten werden. Flexibel bleiben – Der Baukasten-Ansatz erlaubt, das Meeting auf eure Bedürfnisse zuzuschneiden. So könnt ihr auch bei euch etablierte Formate mit einzelnen Bausteinen anreichern.

Das Problem-Lösungs-Meeting: Den Elefanten in Scheiben schneiden

▶ Zweck des Meetings:

Gemeinsam Lösungen für komplexe Probleme finden

▶ Warum das Problem-Lösungs-Meeting eine gute Idee ist:

Viel Zeit wird in Meetings mit endlosen Debatten um die vermeintlich beste Lösung verschwendet, ohne dass am Ende eine klare Entscheidung getroffen wird. Das Problem-Lösungs-Meeting hilft euch, gezielt und strukturiert zu tragfähigen und umsetzbaren Ergebnissen zu kommen.

Der Fokus liegt bei diesem Meetingtyp zuallererst auf dem gemeinsamen Problemverständnis. Ihr werdet die Fragestellung aus unterschiedlichen Blickwinkeln betrachten. Die verschiedenen Perspektiven zeigen euch, wo das Hauptproblem liegt. Vergleich gefällig? Ihr schaut euch den Elefanten von allen Seiten an. Dann zerschneidet ihr ihn in Scheiben. Die dickste Scheibe (also das Hauptproblem) könnt ihr jetzt gemeinsam angehen und Lösungsideen entwickeln. Ein gemeinsames Problemverständnis ist viel wichtiger, als partout Ideen zu generieren. Je konkreter ihr das Problem umrissen habt, desto leichter fällt euch auch die Lösungsfindung.

Einfache versus komplexe Probleme

Einfache Probleme? Dafür braucht ihr kein Meeting. Beispiel: Die Teeküchen-Sicherung fliegt ständig heraus. Lösung: Ihr kontaktiert den Hausmeisterdienst oder einen Elektro-Fachbetrieb.

Oft steht ihr aber vor komplexeren Herausforderungen. Vier Beispiele:

- Ihr erhaltet immer weniger Bewerbungen für offene Stellen.
- Auf Social Media erreicht ihr zu wenig Menschen in eurer Wunsch-Zielgruppe.

- Eure Lieferkette ist instabil. Ihr wisst nur nicht an welcher Stelle.
- Die interne Kommunikation hat deutlich Luft nach oben.

Für diese Probleme gibt es keine schnellen Lösungen. Die Themen sind vielschichtig und müssen aus unterschiedlichen Perspektiven betrachtet werden. Genau für solche Probleme setzt ihr das Problem-Lösungs-Meeting an.

▶ Teilnehmende:

Personen, die vom Problem betroffen sind (maximal 7 Personen)

▶ Dauer:

Je nach Komplexität des Problems – zwischen 70 und 90 Minuten

▶ Frequenz:

Nach Bedarf

▶ Feste Rollen:

Moderation und gegebenenfalls eine Entscheiderin/ein Entscheider

▶ Der Ablauf:

1. Check-in 5 MIN

Kurzer Einstieg, um alle ins Meeting zu holen. Diese Fragen helfen dabei:

- Wie geht es mir gerade?
- Welche Erfahrung habe ich bereits mit der heutigen Fragestellung?

Wie immer gilt: Der Check-in ist freiwillig – wer nichts teilen möchte, hört einfach zu.

5 MIN

2. Sammlung aller Teilprobleme
Alle schnappen sich einen Klebezettel-Block und einen Stift.

Silent Brainwriting: 5 Minuten lang schreiben alle für sich die Teilprobleme/Gründe auf, die aus ihrer Sicht zum großen Problem führen. In dieser Phase findet noch kein Austausch mit anderen statt! Jedes Teilproblem bekommt einen eigenen Zettel – keine Listen auf den Klebezetteln anfertigen!

CA. 20 MIN

3. Vorstellung und Clustern der gefundenen Teilprobleme
In diesem Schritt stellt jede Person ihre gewonnenen Erkenntnisse vor. Es ist völlig normal, dass ihr aus unterschiedlichen Perspektiven und aus unterschiedlicher Flughöhe auf das Problem geschaut habt. Das ist sogar erwünscht! An dieser Stelle findet keine Diskussion statt. Verständnisfragen sind allerdings erlaubt. Neben der Vorstellung geht es auch darum, ein bisschen Ordnung in die gesammelten Informationen zu bekommen. Ähnliche oder gleiche Zettel könnt ihr in Kategorien zusammenfassen (clustern). Stellt eure Zettel in der Runde vor und klebt sie an die Wand (insgesamt 12 bis 15 Minuten). Fasst ähnliche Teilprobleme in Kategorien zusammen und gebt diesen Kategorien Namen (5 Minuten).

Themen-Beispiel: *»Die interne Kommunikation könnte besser sein.«* Folgende Teilprobleme können zu einer schlechten internen Kommunikation führen:

ZU STARKES SILODENKEN	ZU VIELE UNTERSCHIEDLICHE KANÄLE FÜR INFO-WEITERGABE	WIR SPRECHEN KAUM MIT ANDEREN ABTEILUNGEN
FÜHRUNGSKRÄFTE ERFAHREN ZU SPÄT VON VERÄNDERUNGEN	LANGWEILIGE AUFBEREITUNG DER INFORMATIONS-MATERIALIEN	SCHLECHTE AUFFINDBARKEIT VON DOKUMENTEN AUF TEAMDRIVE
DREI UNTERSCHIEDLICHE STANDORTE	INFORMATIONEN KOMMEN ZU SPÄT BEI UNS AN	

4. Auswahl des wichtigsten Teilproblems 3 MIN

Abstimmung mit Punkten: Alle Teilnehmenden können mit dem Stift drei Punkte auf den Zetteln platzieren, nach folgender Fragestellung: »*Die Lösung welches Teilproblems hätte den größten positiven Effekt auf das Gesamtproblem?*«

Wichtig: Die Punkte dürfen nur auf die Teilprobleme geklebt werden, nicht auf die Kategorien!

Wir empfehlen hier eine kurze Pause von 5 Minuten.

5. Lösungen generieren 5 MIN

Ihr schnappt euch das am stärksten bepunktete Teilproblem.

Wichtig: Die anderen Teilprobleme gehen nicht verloren. Sie können in weiteren Sessions angegangen werden. Zuerst konzentriert ihr euch aber ausschließlich auf das erste.

Brainwriting: Alle Teilnehmenden sammeln Lösungen für das Teilproblem (5 Minuten lang und jeder für sich).

Es geht um Quantität: Schreibt euch alle (wirklich alle!) Ideen auf, die euch in den Sinn kommen. Auch wilde und unrealistische dürfen dabei sein. Zuerst denkt ihr groß. Erst später siebt ihr Ideen aus. Jede Idee bekommt ihren eigenen Klebezettel. Je konkreter die Ideen sind, desto besser.

Beispiel: Das meistbepunktete Teilproblem lautet »*Wir sprechen kaum mit anderen Abteilungen.*« Hier sind einige erste Lösungsansätze aus dem Brainwriting:

GEGENSEITIGE HOSPITATION FÜR EIN BIS ZWEI TAGE	EXPERT*INNEN AUS ANDEREN TEAMS ZUM PROJEKTSTART EINLADEN	EINMAL IM MONAT ZUSAMMEN KOCHEN MIT EINEM ANDEREN TEAM
GEMEINSAME TEILNAHME AM CHARITY-LAUF	LUNCH DATES	GEGENSEITIGE UNTERSTÜTZUNG BEI DER MEETING-MODERATION

CA. 20 MIN

6. Vorstellung und Clustern der Ideen

Ähnlich wie oben bei den Teilproblemen stellt ihr euch gegenseitig eure Zettel vor. Auch hier werden wieder Kategorien gebildet. Es ist übrigens nicht erfolgsentscheidend, ob der Kategorie-Name wirklich zu 100 Prozent der richtige ist. Die Kategorien dienen lediglich der besseren Übersicht.

Stellt eure Zettel in der Runde vor und klebt sie an die Wand (insgesamt 12 bis 15 Minuten). Fasst ähnliche Lösungsideen in Kategorien zusammen und gebt diesen Kategorien Namen (5 Minuten).

3 MIN

7. Auswahl der vielversprechendsten Ideen

Jedes Teammitglied darf wieder drei Punkte auf den Zetteln verteilen. Die Fragestellung lautet diesmal: »*Bezogen auf unser meistbepunktetes Teilproblem: Welche Idee hätte aus meiner Sicht den größten Nutzen, um dieses Problem zu lösen?*«

8. Sortieren der Ideen nach Aufwand und Nutzen

6 MIN

Eure neu gewonnenen Ideen wollen jetzt natürlich umgesetzt werden. Dabei hilft euch unser Entscheidungsfenster.

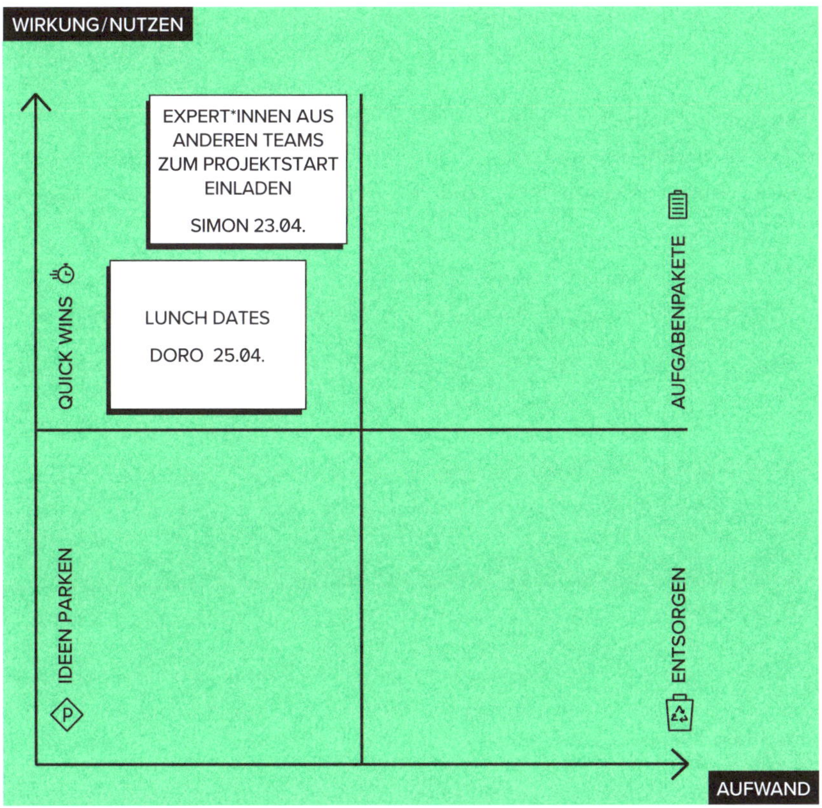

Zeichnet dieses Fenster auf ein Flipchart oder ein Whiteboard, oder klebt es mit Kreppband-Streifen an die Wand. Die x-Achse beschriftet ihr mit »*Aufwand*« und die y-Achse mit »*Wirkung*«.

Interessant für euch ist vor allem der Quadrant oben links mit all euren Ideen, die leicht umzusetzen sind und trotzdem stark wirken. Das sind eure »*Quick Wins*« oder »*Low Hanging Fruits*«.

Der Quadrant oben rechts steht für Ideen bereit, die nicht so schnell und/oder nicht so leicht umzusetzen sind. Links unten finden die Ideen ihren Platz, deren Umsetzung zwar sehr schnell möglich wäre, bei denen jedoch unklar ist, ob sie einen echten Beitrag zur Problemlösung leisten. Das letzte Feld – unten rechts – ist das Sammelbecken für alle Ideen, die zu aufwendig oder am wenigsten attraktiv sind.

Ordnet gemeinsam die bepunkteten Ideen in das Fenster ein. Die Zettel dürfen nicht auf die Trennstriche gesetzt werden, sondern müssen klar einem der vier Quadranten zugeordnet werden.

8 MIN

9. Für Verbindlichkeit sorgen
Die Moderation fragt, wer im Team für welche Umsetzungsidee zuständig sein möchte.

Die Teilnehmenden schreiben ihren Vornamen auf den Zettel. So ist auf dem Fotoprotokoll eindeutig zu erkennen, wer für die Umsetzung zuständig ist.

Zusätzlich wird auch das Datum auf dem Zettel festgehalten, bis wann der Task erledigt sein soll beziehungsweise wann die Kolleginnen und Kollegen mit ersten Ergebnissen rechnen dürfen. Auch das sorgt zusätzlich für Verbindlichkeit (Wer macht was bis wann?).

10. Abfotografieren aller Ergebnisse aus den Schritten 2 bis 8 für das Fotoprotokoll
Die Moderatorin oder der Moderator fotografiert alle Ergebnisse aus den Schritten 2 bis 8 für das Fotoprotokoll ab. Dafür eignet sich eine Scan-App auf dem Smartphone ideal. Im Nachgang wird das Fotoprotokoll an alle Teilnehmenden verschickt.

11. Check-out

5 MIN

Kurze Blitzlicht-Runde zu diesen beiden Fragen:

- Wie fühlt ihr euch mit der getroffenen Entscheidung?
- Was nehmen wir aus diesem Meeting mit?

Wie immer: Niemand wird gezwungen, etwas zu sagen.

Charakter des Meetings:

Effizient und ergebnisorientiert

Mit dem Problem-Lösungs-Meeting könnt ihr euch sicher sein, dass ihr am richtigen Problem arbeitet. Unterschiedliche Perspektiven sorgen normalerweise für ellenlange Diskussionen. Bei diesem Meetingtyp sind unterschiedliche Perspektiven kein Hindernis, sondern die Basis für eine gelungene Ideenfindung. Durch die Wiederholung der einfachen Bausteine Brainwriting, Clustern und Bepunktung fühlen sich eure Kolleginnen und Kollegen schnell sicher im Prozess. Spätestens im zweiten oder dritten Problem-Lösungs-Meeting können sie sich voll und ganz auf die Inhalte konzentrieren, weil die Abfolge der Bausteine in Fleisch und Blut übergegangen ist.

Tipps aus der Praxis:
Als Moderatorin oder Moderator achtet ihr bitte unbedingt auf die Einhaltung der Zeitvorgaben, sonst läuft euch das Meeting aus dem Ruder. Macht den Teilnehmenden klar, dass zuerst das Problem beleuchtet wird. Lösungen werden erst im Nachgang generiert. Sollte jemand schon Lösungsvorschläge haben, sollen diese bis zur Lösungs-Session auf einem Klebezettel auf ihrem Tisch geparkt werden. Das erste Brainwriting überfordert vielleicht manche im Team. Das macht nichts, auch nur eine oder zwei Ideen sind völlig in Ordnung. Manche Teilnehmenden werden auch erst kreativ, wenn sie Ideen von anderen hören oder sehen. Nutzt diesen Effekt aus: Wenn euch während der Ideen-Präsentation neue Ideen einfallen, schreibt ihr sie sofort auf einen Klebezettel und hängt ihn mit an die Wand. Wir finden, die Methode »*Building on the ideas of others*« ist völlig unterschätzt.

Kategorie: Prozess

Die Retrospektive: Eure Zusammenarbeit verbessern

▶ Zweck des Meetings:

Bestandsaufnahme und Weiterentwicklung eurer Teamarbeit

▶ Warum eine Retrospektive eine gute Idee ist:

Die Retrospektive ist eines der am meisten unterschätzten Werkzeuge. Dabei ist sie höchst effektiv. In regelmäßigen Abständen blickt ihr auf eure Zusammenarbeit als Team zurück. Eine Retrospektive alle vier Wochen wäre ideal, zu Beginn ist alle drei Monate ein guter Zyklus. Bei dieser Analyse findet ihr heraus, was zu einer erfolgreichen Zusammenarbeit geführt hat und wo noch Luft nach oben besteht.

In der Retrospektive geht es explizit nicht um eure Arbeitsinhalte. Es dreht sich also nicht ums Was, sondern um das Wie: Wie arbeitet ihr zusammen?

Ihr nehmt euch also ganz bewusst für 90 Minuten raus aus dem Tagesgeschäft und nutzt die Zeit nur für euch als Team.

▶ Teilnehmende:

Das gesamte Team

▶ Dauer:

70 bis 90 Minuten (je nach Gruppengröße)

▶ Frequenz:

4-wöchentlich

▶ Feste Rollen:

Moderatorin oder Moderator

▶ Ablauf:

1. Check-in 5 MIN

Mit der Check-in-Frage könnt ihr schon zu Beginn für eine positive Grundstimmung sorgen:

- Worüber hast du dich in den letzten Tagen richtig gefreut?

Die Frage muss nicht auf die Arbeit bezogen sein. Selbstverständlich darf die Antwort auch aus dem privaten Bereich stammen. Wie immer gilt: Der Check-in ist freiwillig, wer nur zuhören will, hört nur zu.

2. Vorstellung der Retrospektive-Fragen 3 MIN

Eine einfache und sehr bewährte Methode lautet: Keep – Stop – Start:

- **Keep:** Was läuft gut in der Zusammenarbeit? Was wollen wir beibehalten?
- **Stop:** Was funktioniert nicht gut? Was bringt Sand ins Getriebe unserer Zusammenarbeit?
- **Start:** Welche Ideen haben wir, um die Zusammenarbeit zu verbessern? Was wollen wir ausprobieren?

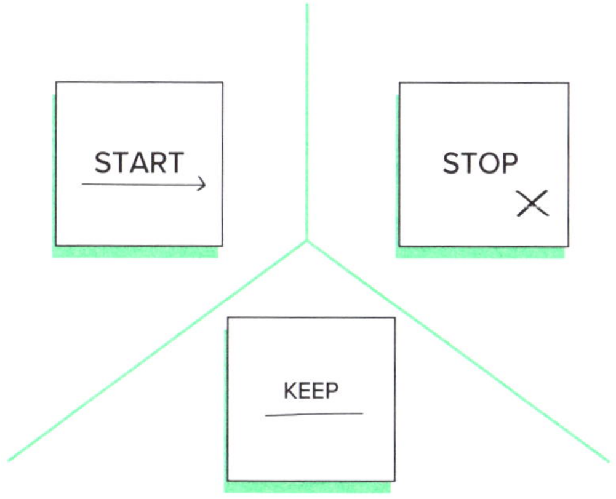

10 MIN

3. Punkte sammeln

Silent Brainwriting: Alle sammeln erst einmal alleine so viele Punkte wie möglich zu den drei Fragestellungen. Jeder Punkt bekommt einen eigenen Klebezettel. Hier findet noch kein Austausch mit den Kolleginnen und Kollegen statt. Im Idealfall nutzt ihr drei unterschiedliche Farben für die drei Kategorien Keep, Stop und Start, zum Beispiel Grün für Keep, Gelb für Start und Rot für Stop.

Solltet ihr keine weiteren Farben zur Auswahl haben, achtet bitte darauf, dass die Zettel bei der anschließenden Vorstellung auch in der richtigen Kategorie landen und die Zuordnung eindeutig ist.

P. P. MAX. 5 MIN

4. Gegenseitiges Vorstellen der Ergebnisse reihum

Reihum stellen alle Teammitglieder ihre Erkenntnisse auf den Zetteln vor und kleben sie an die Wand in die richtige Kategorie. Die drei Kategorien wurden von der Moderation im Vorfeld mit größeren oder andersfarbigen Klebezetteln an der Wand platziert.

Jede Person stellt alle vorhandenen gesammelten Punkte aller drei Kategorien am Stück vor. Sollte jemand bei einer Kategorie keine Ideen gefunden haben, ist das völlig in Ordnung.

Hier achtet die Moderation darauf, dass die angepeilte Zeit von fünf Minuten nicht überschritten wird. So könnt ihr verhindern, dass das Meeting durch zu ausschweifende Monologe gesprengt wird. Ein Timer im Raum macht die Uhrzeit für alle gut sichtbar.

Nach diesem Schritt könnt ihr eine fünfminütige Pause einlegen.

5. Herausfiltern der attraktivsten Schritte

Dotmocracy: Jedes Teammitglied darf mit seinem Stift fünf Punkte auf den Zetteln verteilen. Als Hilfestellung für die Entscheidung dient folgende Frage:

Welche Maßnahmen hätten aus meiner Sicht die größte positive Wirkung auf unsere Zusammenarbeit?

6. Verantwortlichkeiten festlegen

Die Moderation geht die am meisten bepunkteten Maßnahmen durch und fragt, wer sich darum kümmert. Die Person, die die Verantwortung für den Punkt übernehmen möchte, schreibt ihren Namen auf den Klebezettel, und sie notiert, bis wann sie erste Ergebnisse präsentieren möchte.

Wichtig: Die verantwortliche Person muss die Maßnahme nicht alleine abarbeiten. Selbstverständlich können Teammitglieder bei der Umsetzung helfen. Allerdings sorgt die verantwortliche Person dafür, dass die Idee verwirklicht wird.

7. Check-out 5 MIN

Hier könnt ihr das Meeting mit einer positiven Blitzlicht-Frage abrunden:

- Was hat mir an der heutigen Retrospektive besonders gut gefallen?

8. Fotoprotokoll erstellen und verschicken 5 MIN

Abschließend fertigt die Moderation ein Fotoprotokoll von der Keep-Stop-Start-Übersicht an. Manchmal lohnt es sich, die bepunkteten Zettel noch einmal gesondert aufzuhängen und abzufotografieren, damit wirklich alles gut lesbar ist. Im Anschluss an das Meeting verschickt die Moderatorin oder der Moderator das Protokoll als PDF via E-Mail an alle Teammitglieder.

Hier noch eine Alternative zu Keep – Stop – Start:

I liked – I wished – I learned – What if

Einen etwas anderen Blickwinkel auf eure Zusammenarbeit bieten diese Fragen:

- **I liked:** Was hat mir gefallen? Was war für uns hilfreich?
- **I wished:** Was hätte ich mir gewünscht?
- **I learned:** Was ist mir in den letzten Wochen über unsere Zusammenarbeit klar geworden?
- **What if:** Was wäre, wenn wir … einmal ausprobieren würden?

▶ Charakter der Retrospektive:

Die Retrospektive ist ein Meeting nur für euch als Team. Sie bietet einen geschützten Rahmen, um Dinge anzusprechen, die aus eurer Sicht nicht optimal laufen. Aufkeimende Konflikte können so häufig verhindert werden, weil das Thema Luft und Raum bekommt.

Außerdem schaut ihr gemeinsam zurück auf bereits Erreichtes. Im Alltag liegt der Fokus häufig auf den Dingen, die noch nicht gut laufen. Das gemeinsame Beleuchten von Erfolgen schweißt die Teammitglieder zusammen. Ebenfalls gut für euer Wir-Gefühl: Ihr versteht, wie eure Kolleginnen und Kollegen ticken und was ihnen wichtig ist. Und ihr erarbeitet gemeinsam Lösungen, die eure Teamkultur stärken. Die Retrospektive ist deshalb ein Termin, auf den ihr euch jedes Mal freuen könnt.

Tipps aus der Praxis:
Legt den Termin so, dass alle Teammitglieder eine Möglichkeit haben, bei der Retrospektive dabei zu sein. Verteidigt diesen Termin! Er sollte euch als Team so wichtig sein, dass auch ein Kunden-Termin ihn nicht verdrängen darf. Nach der Retrospektive werdet ihr deutlich effektiver zusammenarbeiten. So profitiert auch eure Kundschaft von eurer Retrospektive.

Gönnt euch gerade zu Beginn lieber etwas mehr Zeit für das Retrospektive-Meeting. Wir empfehlen 90 Minuten. Ihr werdet feststellen, dass ihr nach ein paar Retrospektive-Runden schneller und effizienter werdet. Der Ablauf wird sich vertraut anfühlen. Außerdem setzt noch ein zusätzlicher Effekt ein: Zwischen den Retrospektiven fällt euch bewusst auf, was gut funktioniert oder noch verbesserungswürdig ist. So könnt ihr die Zettel schneller ausfüllen. Ihr dürft auch gerne mal euer Retrospektive-Format wechseln, damit keine Langeweile entsteht. Im Internet findet ihr viele verschiedene Formate (sogenannte Retro-Templates). Solltet ihr die Retrospektive online durchführen, findet ihr bei den Whiteboard-Anbietern ebenfalls eine große Auswahl an Templates.

Seid offen und ehrlich zueinander. Hier geht es nicht um die Suche nach Sündenböcken oder Schuldzuweisungen, sondern darum, Ideen zu entwickeln, die euch als Team noch besser machen.

Im Idealfall lasst ihr die Retrospektive von einer Person moderieren, die nicht zum Team gehört. Die Moderation ist damit neutral und nicht emotional mit den Themen verbunden. Die Neutralität hilft ihr, die Retrospektive geradlinig zu dirigieren – ohne sich inhaltlich oder emotional ablenken zu lassen.

Wichtig: In der Retrospektive gilt das „*Las Vegas*"-Prinzip: Was in der Retrospektive passiert, bleibt auch in der Retrospektive. Es ist euer geschützter Raum.

Die Moderation hat auch die Aufgabe, Redebeiträge abzubrechen, wenn die Zeitvorgabe überschritten ist. Das ist als Teammitglied manchmal eine eher undankbare Aufgabe, vor allem dann, wenn die Chefin oder der Chef zu lange spricht. Die Retrospektive ist ein Geschenk für das Team. Deshalb zählt sie zu unseren absoluten Lieblingsformaten. Wenn ihr euch bei eurer ersten oder nächsten Retrospektive neutrale Unterstützung von außen wünscht, kontaktiert uns gerne.

Das Strategie-Meeting – Kick-off und Boxenstopps

▶ Zweck des Meetings:

Für eine klare Ausrichtung eurer gemeinsamen Arbeit sorgen und die Priorität eurer Aufgaben festlegen

▶ Warum das Strategie-Meeting eine gute Idee ist:

Laut einer Studie des *Harvard Business Review* können 95 Prozent der Mitarbeitenden die Unternehmensstrategie entweder nicht verstehen oder sie kennen sie gar nicht – kein Witz! Dadurch ist es natürlich schwer, den Beitrag des eigenen Teams einzuschätzen und zu beurteilen, ob alle auf dem richtigen Weg unterwegs sind.

Ein Strategie-Meeting zu Beginn des neuen Jahres macht klar, wohin die Reise gehen soll, welchen Mehrwert das Team und die einzelnen Teammitglieder leisten können und wo die Prioritäten liegen. Eine klare Ausrichtung steigert nicht nur die Produktivität, sondern erhöht auch die Motivation: Jedes Teammitglied weiß genau, wie es durch die eigene Arbeit zum großen Ganzen beiträgt.

▶ Teilnehmende:

Alle Teammitglieder

Auch beim Strategie-Meeting unterscheiden wir zwei Varianten:

- Variante 1: Der Kick-off
- Variante 2: Die Boxenstopps

Der Kick-off zum Jahresstart – Orientierung für das ganze Jahr

▶ Zweck des Meetings:
Den Fokus schärfen, was ihr dieses Jahr gemeinsam erreichen wollt

▶ Dauer:
2 bis 3 Stunden, je nach Teamgröße und Komplexität eurer Aufgaben

▶ Frequenz:
Einmal zum Anfang des Jahres oder wenn sich ein (Projekt-)Team neu formiert

▶ Feste Rollen:
Moderation

▶ Der Ablauf:

1. Check-in 10 MIN

Diese beiden Einstiegsfragen haben sich bewährt:

- Wie geht es mir gerade?
- Auf welche Teamleistungen im letzten Jahr schaue ich sehr zufrieden zurück?

Wie immer gilt: Der Check-in ist freiwillig – wer nichts teilen möchte, hört einfach zu.

2. Zielsetzung des Meetings 5 MIN

Vorstellung der visualisierten Agenda und des Ziels des Meetings.

3. Unternehmensstrategie verstehen 15 MIN

Vorstellung der zentralen Punkte der Unternehmensstrategie durch Führungskraft oder Moderation (im Vorfeld bitte klären, wer diesen Part übernimmt). Verständnisfragen können jederzeit von den Teammitgliedern gestellt werden.

15 MIN

4. Beitrag des Teams zu den Strategiezielen erkennen
Silent Brainwriting: Jedes Teammitglied sammelt auf Klebezetteln so viele Aspekte wie möglich. Hier findet noch kein Austausch statt.

Hier findet ihr die drei Fragestellungen:

- In welchen Bereichen zahlen wir als Team jetzt schon auf die Unternehmensziele ein?
- Wie können wir dieses Jahr zusätzlich Mehrwert für die Unternehmensziele liefern?
- Welche unserer Aufgaben könnten – bezogen auf die vorgestellte Strategie – eventuell an Bedeutung verlieren?

15-25 MIN

5. Gegenseitige Vorstellung der Erkenntnisse und Clustern
Jedes Teammitglied stellt die eigenen Gedanken vor und platziert die Klebezettel gut sichtbar an der Wand.

Danach oder währenddessen fasst ihr die Klebezettel in Kategorien zusammen und markiert sowie benennt die Kategorien mit einem eigenen Klebezettel. An dieser Stelle empfehlen wir euch, eine kurze Pause einzulegen (10 Minuten).

30 MIN

6. Blick in die Zukunft
Auf Basis der vorgestellten Erkenntnisse aus Part 4 und 5 zoomt ihr jetzt ein Jahr nach vorne.

Silent Brainwriting: 10 Minuten lang hält jedes Teammitglied für sich auf Klebezetteln fest, was das Team in einem Jahr alles schaffen kann. Folgende Fragestellung hilft beim Blick in die Glaskugel:

- Wir spulen in dieser Übung ein Jahr nach vorne in die Zukunft: Angenommen, es läuft alles ideal, was hat unser Team dann in einem Jahr erreicht?

Ergebnisse können beispielsweise abgeschlossene Projekte, Meilensteine in der Produktentwicklung, erreichte KPIs (Key Performance Indicators), neu gewonnene Marktanteile, gesteigerte Kundenzufriedenheit sein.

7. Vorstellung der Zukunftsbilder

20 MIN

Stellt euch die Ergebnisse aus der Zukunftsperspektive gegenseitig vor.

Auch hier könnt ihr zur besseren Übersichtlichkeit die Zettel in Kategorien clustern und die Kategorien benennen.

8. Auswahl der attraktivsten Ziele

5 MIN

Ihr dürft mit Punkten (Dotmocracy) abstimmen, welche Ergebnisse aus der Zukunft die höchste Anziehungskraft für euch besitzen. Jedes Teammitglied kann fünf Punkte vergeben. Wichtig: Die Punkte werden auf die einzelnen Ergebnisse verteilt – nicht auf die Kategorien!

9. Zeitstrahl erstellen und Ergebnisse verorten

15 MIN

Klebt mit Kreppband einen horizontalen Zeitstrahl an eine freie Wand. An das linke Ende klebt ihr einen Zettel, der den heutigen Tag markiert. An das rechte Ende klebt ihr das Datum in genau einem Jahr. Den Rest des Zeitstrahls teilt ihr in vier circa gleich große Bereiche ein. Dafür benötigt ihr vier Klebezettel mit den Aufschriften *»Q1«/»Q2«/»Q3«/»Q4«* für das jeweilige Quartal. Drei Trennstriche auf dem Zeitstrahl markieren die Übergänge.

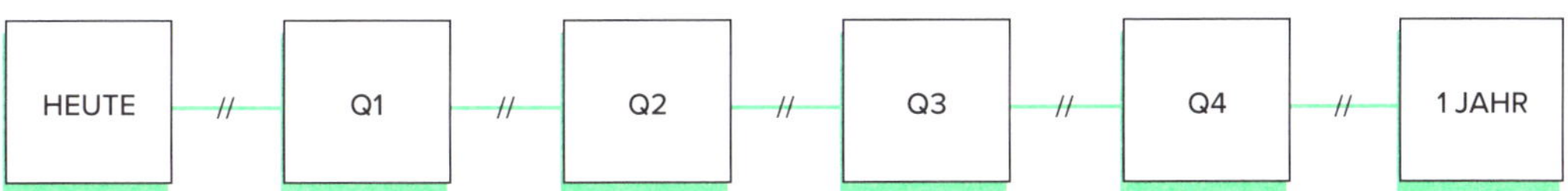

Die bepunkteten Ergebnisse aus Part 8 könnt ihr jetzt auf dem Zeitstrahl verteilen. Welche der Meilensteine müssen etwa bereits im ersten Quartal erledigt sein, damit andere Meilensteine überhaupt erst umgesetzt werden können?

Das Schöne an den Klebezetteln ist: Ihr könnt sie immer wieder verschieben, wegnehmen und auch noch Zettel ergänzen, falls ihr was Wichtiges vergessen habt.

Beim Anbringen der Zettel gilt die Regel: Wer klebt, spricht! Das heißt, dass ihr während des Umhängens des Zettels den anderen erklärt, warum ihr ihn genau dort hinhängen wollt. Verständnisfragen sind erlaubt.

20 MIN

10. Prioritäten und Zuständigkeiten für die nächsten Wochen festlegen

Als Moderation bittet ihr die Kolleginnen und Kollegen, für die Umsetzung einzelner Meilensteine die Verantwortung zu übernehmen. Dafür wird der Name der verantwortlichen Person direkt auf dem Klebezettel vermerkt. Zusätzlich notiert ihr auch das Datum, zu dem entweder erste Ergebnisse präsentiert werden oder der Meilenstein erledigt sein soll.

Wichtig: Die verantwortliche Person muss den Meilenstein nicht allein abarbeiten. Selbstverständlich können Teammitglieder bei der Umsetzung helfen. Allerdings sorgt die verantwortliche Person dafür, dass der Meilenstein erreicht wird.

Bei größeren Meilensteinen könnt ihr auch gerne zwei Verantwortliche auf dem Zettel festhalten.

20 MIN

11. Check-out

Folgende Fragen helfen, gut aus dem Strategie-Meeting zu gehen:

- Worauf freue ich mich in den nächsten Wochen am meisten?
- Was muss ich erst noch auf mich wirken lassen?
- Welche konkreten nächsten Schritte packe ich an?
- Was möchte ich sonst noch loswerden, um das Strategie-Meeting gut abzuschließen?

Wie immer gilt: Ihr müsst nicht alle Fragen beantworten. Wenn jemand gar nichts mehr beitragen möchte, ist das auch völlig in Ordnung.

12. Die Bestandteile des Zeitstrahls aufbewahren

Die Moderation sammelt die erarbeiteten Meilensteine und Aufgaben und sorgt dafür, dass sie für die regelmäßigen Boxenstopps wieder auffindbar sind. Im Idealfall könnt ihr den Zeitstrahl auch dauerhaft in eurem Meetingraum hängen lassen.

Zusätzlich fertigt die Moderation ein Fotoprotokoll aller Zwischenschritte inklusive des Zeitstrahls an. Im Anschluss zum Meeting verschickt die Moderatorin oder der Moderator das Protokoll als PDF via E-Mail an alle Teammitglieder.

Die Boxenstopps – Bestandsaufnahme und Kurskorrektur

▶ Zweck des Meetings:
Regelmäßige Überprüfung, ob das Team noch auf Kurs ist

▶ Dauer:
Circa 90 Minuten

▶ Frequenz:
Jeweils zum Ende eines Quartals und bei Bedarf

▶ Feste Rollen:
Moderation

▶ Der Ablauf:

1. Check-in — 10 MIN

Folgende Einstiegsfrage hat sich bewährt:

- Was war eines meiner Highlights im letzten Quartal?

Wie immer gilt: Der Check-in ist freiwillig – wer nichts teilen möchte, hört einfach zu.

2. Zielsetzung des Meetings — 5 MIN

Vorstellung der visualisierten Agenda und des Ziels des Meetings: Gemeinsames Update, wo ihr gerade steht und wo es eventuelle Kursabweichungen gibt.

3. Bestandsaufnahme — 15 MIN

Der Zeitstrahl aus dem Kick-off-Meeting wird gut sichtbar an der Wand installiert. Alternativ könnt ihr ihn auch über den Beamer einblenden.
Silent Brainwriting: Ausgehend von eurem Zeitstrahl aus dem Kick-off-Meeting beantwortet jede und jeder für sich folgende Fragen auf Klebezetteln (pro Gedanke ein eigener Zettel):

- Bei welchen Projekten/Aufgaben sind wir voll auf Kurs beziehungsweise haben sie schon abgeschlossen?
- Wo hinken wir dem Zeitplan/unserem Anspruch hinterher?
- An welchen Stellen wäre eine Kurskorrektur sinnvoll?

Zur besseren Übersicht könnt ihr mit unterschiedlich farbigen Klebezetteln arbeiten, in diesem Fall etwa mit den Farben Grün, Rot und Blau. Falls ihr nur eine Farbe zur Verfügung habt, könnt ihr auf den Zettel oben rechts im Eck kleine Symbole nutzen, wie Plus/Minus/Pfeil mit zwei Spitzen.

20 MIN

4. Zuordnung der Einschätzungen auf dem Zeitstrahl
Stellt euch die erarbeiteten Erkenntnisse gegenseitig vor und ordnet sie den Projekten auf dem Zeitstrahl zu. Ihr klebt also die Zettel direkt unter die betroffenen Meilensteine.

Verständnisfragen sind erlaubt – allerdings noch keine Diskussionen an dieser Stelle.

5 MIN

5. Herausschälen des größten Handlungsbedarfs
Stimmt mit Punkten ab (Dotmocracy), wo im Moment der größte und dringendste Handlungsbedarf besteht. Alle Teilnehmenden dürfen drei Punkte auf den Zetteln hinterlassen. Die Fragestellung lautet:

Wo besteht aus meiner Sicht der allergrößte Handlungsbedarf, um sicherzustellen, dass wir gemeinsam die gleiche Strategie verfolgen?

6. Zuständigkeiten verteilen und nächste Schritte festlegen

15 MIN

Die Moderation geht die am meisten bepunkteten Meilensteine durch und fragt, wer sich darum kümmert. Die Person, die die Verantwortung für den Punkt übernehmen möchte, schreibt ihren Namen auf den Klebezettel und sie notiert, bis wann sie erste Ergebnisse präsentieren möchte.

Wichtig: Die verantwortliche Person muss den Meilenstein nicht alleine abarbeiten. Selbstverständlich können Teammitglieder bei der Umsetzung helfen. Allerdings sorgt die verantwortliche Person dafür, dass der Meilenstein erreicht wird.

Bei größeren Meilensteinen könnt ihr auch zwei Verantwortliche auf dem Zettel festhalten.

7. Check-out

10 MIN

Folgende Fragen helfen, gut aus dem Strategie-Meeting zu gehen:

- Welche konkreten nächsten Schritte packe ich an?
- Was muss ich erst einmal setzen lassen und darüber nachdenken?
- Was möchte ich sonst noch loswerden, um den Boxenstopp gut abzuschließen?

Wie immer gilt: Ihr müsst nicht alle Fragen beantworten. Wenn jemand gar nichts mehr beitragen möchte, ist das auch völlig in Ordnung.

8. Die Bestandteile des Zeitstrahls aufbewahren

Die Moderation sammelt alle Zettel auf dem Zeitstrahl ein und bewahrt sie für den nächsten Boxenstopp in drei Monaten auf. Im Idealfall könnt ihr den Zeitstrahl auch dauerhaft in eurem Meetingraum hängen lassen.

Zusätzlich fertigt die Moderation ein Fotoprotokoll aller Zwischenschritte inklusive des Zeitstrahls an. Im Anschluss zum Meeting verschickt die Moderatorin oder der Moderator das Protokoll als PDF via E-Mail an alle Teammitglieder.

▶ Charakter der Strategie-Meetings:

Gemeinsam schaut ihr auf bereits Erreichtes zurück. Dieser ressourcen-orientierte Blick zurück ist wichtig, weil ihr euren Fokus sonst zu stark auf das richtet, was nicht gut läuft. Schnell wird dabei vergessen, dass viele Dinge sehr gut funktionieren und dass ihr gute Arbeit leistet.

Das Strategie-Meeting wirkt außerdem wie ein kurzer Zwischenstopp. Ihr schert für ein paar Stunden aus dem Tagesgeschäft aus und nehmt euch gemeinsam Zeit, um zu schauen, ob ihr noch auf Kurs seid. Dafür zoomt ihr gemeinsam aus dem Tagesgeschäft und schaut von oben auf euren Zeitstrahl. Fehlen diese regelmäßigen Zwischenstopps, sorgt das Tagesgeschäft dafür, dass ihr vor euch hinarbeitet und gegebenenfalls das große Ganze aus den Augen verliert. Diese Betriebsblindheit verhindert fokussierte und effektive Zusammenarbeit.

Außerdem erkennt ihr mit dem Blick von oben auch, ob ihr auf dem Weg irgendwann vom Kurs abgekommen seid oder ob sogar eine komplette Strategieänderung nötig ist. Solltet ihr das feststellen, dann ist das zwar im ersten Moment schmerzhaft. Allerdings ist das immer noch besser, als ein halbes Jahr Arbeit zu verrichten, die keinen echten Mehrwert liefert – das ist sicher deutlich schmerzhafter.

Es gibt nicht das eine Strategie-Meeting

Es gibt natürlich noch viele andere Möglichkeiten, eine gemeinsame Strategie zu entwickeln: Mission/Vision-Workshops, OKRs, SWOT-Analysen, Blue-Ocean-Strategie und andere.

In diesem Buch haben wir uns für eine Variante entschieden, die einfach umsetzbar ist – gerade für Teams, die zum ersten Mal an der eigenen Strategie arbeiten. Ihr habt sicher beim Lesen festgestellt, dass die verwendeten Methoden bereits in den Hæcks und in anderen Meetingtypen erläutert wurden. Auch das gibt euch im Team Sicherheit, wenn ihr das Strategie-Meeting durchführt.

Tipps aus der Praxis:
Wollt ihr regelmäßig und in kürzeren Abständen euren Ziel-Fortschritt tracken, könnt ihr das auch im Rahmen des Sync-Meetings (unter dem Standard-Agenda-Punkt »*Kennzahlen & Ziele*«) machen. Wenn ihr ein eigenständiges Team/Unternehmen seid, gibt euch natürlich niemand die Strategie vor, was bedeutet, ihr müsst sie für euch selbst entwickeln. Dafür empfehlen wir euch neben einer Umfeld- und Marktanalyse beispielsweise mit der Business Model Canvas – Environmental Map zu arbeiten.

Oder ihr schaut euch mal genauer das OKR-System an. OKR steht für Objectives and Key Results und ist eine agile Zielsetzungsmethode. Sie hilft Teams, ambitionierte Ziele (Objectives) mit klaren Ergebnissen zu verbinden (Key Results). Ein Objective beschreibt, was konkret erreicht werden soll, beispielsweise: Wir bieten unseren Kunden ein Service-Erlebnis, das begeistert.

Die dazugehörigen Key Results machen den Fortschritt messbar:

- 95 Prozent der Anfragen werden innerhalb von 24 Stunden beantwortet.
- Die durchschnittliche Kundenzufriedenheit steigt von 4,1 auf mindestens 4,5 (von 5 Punkten).
- Die Weiterempfehlungsrate verbessert sich von 35 auf mindestens 50 Prozent.
- Wir reduzieren die durchschnittliche Bearbeitungszeit pro Anfrage um 20 Prozent.

OKRs werden quartalsweise definiert und regelmäßig überprüft.

Erscheint euch unser Strategie-Meeting noch zu wenig granular, könnt ihr euch ebenfalls aus dem OKR-Kosmos bedienen. Die folgenden Fragestellungen helfen, eine Zielsetzung deutlicher zu formulieren:

- Objective (Ziel): Was wollen wir erreichen?
- Key Results (Schlüsselergebnisse): Woran messen wir den Erfolg?
- Sind die Key Results messbar, herausfordernd und realistisch?
- Wie tragen diese OKRs zur Unternehmensstrategie bei?

In unserer Beratung setzen wir am liebsten LEGO® SERIOUS PLAY® für die Visions- oder Strategiearbeit ein.

LEGO® Serious Play® ist eine Kreativitätsmethode, bei der die Teilnehmenden Modelle aus LEGO® bauen. Mit den Bausteinen können Ideen, Konzepte oder Herausforderungen visualisiert werden: Jeder Teilnehmer und jede Teilnehmerin baut ein eigenes Modell zu einer bestimmten Fragestellung, die das Team umtreibt. Mit Hilfe der Modelle werden abstrakte Gedanken für dich selbst, aber eben auch für eure Teamkollegen und -kolleginnen sichtbar gemacht. Denn jede und jeder stellt das eigene Modell in der Gruppe vor. So können wir quasi in die Köpfe der anderen schauen. Wir verstehen schnell, aus welcher Perspektive jemand auf das Thema blickt und was der Person wichtig ist.

Wir sind davon begeistert, wie viel Klarheit entsteht, wenn erwachsene Menschlein mit den Händen denken und durch die Klemmbausteine ihre Gedanken sichtbar machen. Diese Methode solltet ihr unbedingt mal ausprobieren.

Kategorie: Beziehung

Das Feedback-Meeting: Wertschätzung und Weiterentwicklung

▶ Zweck des Meetings:

Stärkung des Wir-Gefühls

▶ Warum das Feedback-Meeting eine gute Idee ist:

Das Feedback-Meeting stärkt die Bindung im Team, indem es den Raum für gegenseitige Wertschätzung, ehrliches Feedback und gemeinsames Wachstum schafft.

Unser Arbeitsalltag ist laut und hektisch. Der Fokus liegt auf Zahlen, Zielen und To-dos. Das Was rückt in den Vordergrund, während das Wie – also wie wir miteinander arbeiten – und die Pflege der zwischenmenschlichen Beziehungen häufig auf der Strecke bleiben. Genau hier setzt das Feedback-Meeting an.

Das Format bietet einen geschützten Rahmen, in dem Teammitglieder sich gegenseitig ehrliches und wertschätzendes Feedback geben – immer mit dem Ziel, gemeinsam zu wachsen, sich besser zu verstehen und die Stärken der Einzelpersonen sichtbar zu machen. Regelmäßige Feedback-Runden beflügeln das gesamte Team. Das wirkt sich positiv auf die Produktivität, Zufriedenheit und Teamresilienz aus.

▶ Teilnehmende:

Das gesamte Team

▶ Dauer:

Ab 60 Minuten

▶ Frequenz:

Nach Bedarf (wir empfehlen: spätestens alle 3 Monate)

▶ Feste Rollen:

Moderation

▶ Der Ablauf:

5 MIN

1. Check-in

Diese beiden Einstiegsfragen haben sich bewährt:

- Wie geht es mir gerade?
- Was hat gerade meine größte Aufmerksamkeit?

Wie immer gilt: Der Check-in ist freiwillig – wer nichts teilen möchte, hört einfach zu.

10 MIN

2. Feedback-Struktur und Regeln

Die Moderation erklärt, wie das Feedback-System funktioniert: Für jedes Teammitglied sind insgesamt 11 Minuten eingeplant. Diese 11 Minuten werden aufgesplittet in 3 Minuten Vorbereitungszeit und in 8 Minuten Feedback aus der Gruppe. Das Feedback orientiert sich immer an den folgenden drei Fragestellungen:

Welche positiven Eigenschaften und Stärken sind mir bei Person X aufgefallen? In welchen konkreten Situationen wurden sie sichtbar?

- Beispiel: »*Sabine hat letzte Woche so lange in ihrem Netzwerk herumgefragt, bis wir einen Ersatz für unsere Grafikerin gefunden hatten, die spontan eingesprungen ist. Da hat sie wie so oft ihre Umsetzungsstärke, ihre Verantwortung und ihre Hilfsbereitschaft gezeigt.*«

Welche Wünsche oder Anregungen habe ich für die zukünftige Zusammenarbeit?

- Beispiel: »*Ich würde mir wünschen, dass Sabine früher Bescheid gibt, wenn es ihr zu viel wird. Ich hatte am Ende des Projekts das Gefühl, dass sie sich zu viel Verantwortung aufgeladen hat.*«

Gibt es konkrete Tipps, die helfen könnten, diese Wünsche umzusetzen?

▶ Beispiel: »*Sie könnte aus meiner Sicht durchaus auch einmal Nein sagen, wenn ihr jemand ein neues Aufgabenpaket übergeben will. Jeder weiß, wie viel sie schon auf dem Tisch hat. Und sie könnte sich überlegen, welche Aufgaben an die Azubis abgegeben werden könnten.*«

Hier die Regeln für das Feedback-System:

Einmal umdrehen bitte

Die Person, die das Feedback nun von euch erhält, darf sich umdrehen, sodass sie mit dem Rücken zur Gruppe sitzt. Das fühlt sich erst einmal ungewohnt an. Dieser kleine Trick wirkt allerdings wie ein Verstärker für das Feedback. Erstens konzentriert sich die Feedback-Empfängerin nur auf das Gesprochene und hört dadurch intensiver hin. Zweitens schalten wir den Rechtfertigungsreflex aus, der häufig bei Lob und positivem Feedback ausgelöst wird. Wenn dieser Reflex greift, fallen Sätze, wie: »*Naja, das war ja kein großes Ding*« oder »*Das habe ich ja nicht alles allein gemacht. Da hat ja das ganze Team zusammengehalten*«. Diese und ähnliche Sätze verringern die Chance, dass sie das Feedback wirklich vollständig annehmen kann. Sollte sich das Umdrehen für die Person zu unangenehm anfühlen, darf sie so sitzen bleiben, wie sie sich am wohlsten fühlt.

Feedback nur in der 3. Person

Das Feedback wird immer in der 3. Person formuliert – also zum Beispiel: »*Ich schätze an Florian, dass er …*« oder »*Bei David ist mir letzte Woche aufgefallen, dass …*« statt »*Ich schätze an dir …*«. Ihr sprecht die Person beim Feedback also nicht direkt an, sondern ihr erzählt den anderen von euren Eindrücken, die ihr in den vergangenen Wochen von der Person gewonnen habt. Bei der direkten Du-Ansprache steigt die Chance, dass der Rechtfertigungsreflex anspringt – und den wollt ihr ja weitestgehend ausschalten.

Je konkreter, desto besser

Nutzt konkrete Beispiele, wann ihr das Verhalten der Person beobachten konntet: »*Als Svenja neulich den Vertriebler für die Kaffeemaschinen am Telefon hatte …*« oder «*Im Kick-off-Meeting zur Regensburger Großbaustelle hat Achim …*«. Je konkreter die Szenarien, desto leichter fällt die Einordnung des Feedbacks und desto anschaulicher wird es für alle Teilnehmenden.

Persönliche Einschätzungen, keine Urteile
Es ist ein Unterschied, ob das Feedback so formuliert wird: »*Sabine ist ständig überarbeitet.*« Oder folgendermaßen: »*Ich habe das Gefühl, dass Sabine beim Projektabschluss an ihre Belastungsgrenze gekommen ist.*« Beim ersten Satz wurde Sabines Zustand schon beurteilt und sie vielleicht sogar schon verurteilt, dass sie sich immer zu viel zumutet. Mit dem zweiten Satz drückt der Feedback-Geber oder die Feedback-Geberin eine Vermutung aus. Ein Urteil wurde noch nicht gefällt. Es ist lediglich seine oder ihre Einschätzung. Die zweite Formulierung gibt der Feedback-Empfängerin genügend Freiraum zu entscheiden, ob sie das Feedback annehmen will. Auch hier haltet ihr den Rechtfertigungsreflex in Schach.

Weitere hilfreiche Sätze lauten:

- »*Ich hatte den Eindruck, dass …*«
- »*Mir ist es so vorgekommen, dass …*«
- »*Ich habe es so interpretiert, dass …*«
- »*Ich habe die Vermutung, dass …*«
- »*Ich könnte mir vorstellen, dass …*«

Umsetzungsideen statt Ratschläge
Auch bei der letzten Feedback-Frage nach konkreten Umsetzungsideen gibt es ein paar Kleinigkeiten zu beachten. Die Chance, dass die Ideen von den Feedback-Empfangenden auch umgesetzt werden, steigt enorm, wenn ihr eure Ideen als Angebot zur Verfügung stellt:

- »*Ich könnte mir gut vorstellen, dass XY für sie hilfreich wäre.*«
- »*Sabine könnte mal XY probieren.*«

Bei diesen Formulierungen haben die Empfänger die Wahl, ob sie den Tipp ausprobieren oder nicht. Die sprichwörtliche Tür geht häufig zu, wenn Ratschläge verteilt werden: »*Sabine muss endlich lernen, Nein zu sagen*« oder »*Sabine darf einfach keine neuen Aufträge mehr annehmen*«. Niemand lässt sich gerne bevormunden. Deshalb präsentiert eure Ideen als Angebot, nicht als Pflicht.

3. Auswahl der ersten Person, die Feedback bekommt 2 MIN

Fragt in die Runde, wer sich gerade bereit fühlt, als Erstes Feedback zu bekommen. Normalerweise findet sich schnell eine freiwillige Person.

4. Vorbereitung des Feedbacks 3 MIN

Bevor die Gruppe mit dem Feedback für die erste Person loslegt, bekommen alle Teilnehmenden drei Minuten Zeit, um sich Gedanken zu den drei Fragen zu machen:

- Welche positiven Eigenschaften und Stärken sind mir bei Person X aufgefallen? In welchen konkreten Situationen wurden sie sichtbar?
- Welche Wünsche oder Anregungen habe ich für die zukünftige Zusammenarbeit?
- Gibt es konkrete Tipps, die helfen könnten, diese Wünsche umzusetzen?

Die Kolleginnen und Kollegen können sich Notizen für ihre Antworten machen, wenn sie wollen, Stichpunkte sind völlig ausreichend.

5. Feedback-Runde 8 MIN

Die Feedback empfangende Person dreht sich mitsamt Stuhl um, sodass sie mit dem Rücken zur Gruppe sitzt. Es gibt keine feste Reihenfolge. Wer einen Impuls hat, spricht.

Wichtig: Niemand wird gezwungen, Feedback zu geben. Manchmal kennt man die Kollegin oder den Kollegen auch gar nicht so gut oder hat nur wenig Berührungspunkte. Dann fällt es natürlich schwer, dezidiertes Feedback zu geben.

Die Person im Mittelpunkt hört nur zu – ohne Rückfragen, Erklärungen oder Rechtfertigungen. Ziel ist es ja, das Feedback wirken zu lassen.

Nach acht Minuten endet die erste Runde. Die Person im Mittelpunkt bedankt sich für euer Feedback. Als Moderation könnt ihr kurz bei ihr nachfragen, ob alles in Ordnung ist und sie das Feedback gut annehmen konnte.

2 MIN

6. Kurze Pause

Bevor die nächste Runde beginnt, könnt ihr euch eine kurze Verschnaufpause gönnen.

11 MIN

7. Nächste Feedback-Runde

Startschuss für das nächste Teammitglied. Der Ablauf startet wieder bei Schritt 4.

10 MIN

8. Check-out

Zum Abschluss reflektiert ihr gemeinsam:

- Was nehmt ihr aus dem Feedback-Meeting für euch mit?
- Was hat gutgetan?
- Was war überraschend?

Eine kurze Schluss-Runde sorgt für einen positiven Abschluss und macht sichtbar, welche Wirkung das Format entfaltet hat.

Tipps aus der Praxis:
Vom eigenen Team so viel Positives über sich selbst zu hören, das lässt selten jemanden kalt. Es kann durchaus vorkommen, dass ein paar Freudentränen fließen. Als Moderation braucht euch das nicht zu erschrecken. Es ist eher ein Zeichen, dass ihr für eine Atmosphäre des Vertrauens gesorgt habt. Apropos Vertrauen: Achtet bei den Feedback-Gebenden darauf, dass sie sich an die Regeln halten. Es geht in erster Linie um wertschätzendes Feedback. Konstruktive Kritik ist in Ordnung, wenn sie als Beobachtung formuliert wird. Statt Ratschlägen sollen lieber Ideen als Angebote verschenkt werden. An dieser Stelle dürft ihr auch sehr streng sein, wenn sich Einzelne nicht an die Regeln halten! Wir geben den Teilnehmenden immer den Tipp, dass sich die Person im Mittelpunkt das Feedback mit dem Handy als Sprachnotiz aufnimmt. Die Menge an positiven Rückmeldungen ist häufig so groß, dass sie sich danach nicht mehr an alles erinnern kann. Die Sprachnotiz kann im Nachgang immer wieder angehört werden – ein echter Selbstbewusstseins-Boost.

Ein letzter Tipp: Wenn die Führungskraft freiwillig als Erste das Feedback bekommt, hilft das oft, das Eis zu brechen – besonders wenn das Format noch ungewohnt ist.

Das Konflikt-Klärungs-Meeting

▶ Zweck des Meetings:

Differenzen und Konflikte klären

▶ Warum das Konflikt-Klärungs-Meeting eine gute Idee ist:

Das Konflikt-Klärungs-Meeting schafft einen geschützten Raum, in dem zwischenmenschliche Differenzen, Missverständnisse oder schwelende Konflikte im Team offen angesprochen und gemeinsam geklärt werden können – und zwar bevor sie eskalieren und im ungünstigsten Fall die Zusammenarbeit im Team lahmlegen.

In vielen Teams wird Konfliktvermeidung unbewusst zur Norm. Zwischenmenschliche Differenzen schwelen im Hintergrund, werden in Kaffeeküchen oder hinter vorgehaltener Hand besprochen. Leider werden sie viel zu selten offen angesprochen. Das funktioniert eine Weile ganz gut, bis sich so viel Frust angestaut hat, dass eine Kleinigkeit das Fass zum Überlaufen bringt. Darunter leidet die Zusammenarbeit. Produktive Meetings werden dadurch nahezu unmöglich – die Atmosphäre im Team ist angespannt.

Konflikte gehören zu jeder Zusammenarbeit nun mal dazu – gerade in engagierten, diversen Teams. Es menschelt eben. Wichtig ist dabei, die vorhandene Energie in die Richtung einer Lösung zu lenken. Das kann sogar ungeahnte Kräfte freisetzen und das Team beflügeln.

Im Konflikt-Klärungs-Meeting kommen zwischenmenschliche Differenzen auf den Tisch, gut strukturiert und im Idealfall, bevor es zur Eskalation kommt. So entsteht eine Kultur, in der Konflikte nicht mehr als Bedrohung, sondern als normaler Teil der Zusammenarbeit verstanden werden. Dies stärkt auf Dauer die Beziehungen in eurem Team. Wenn ihr wisst, dass Konflikte in einem geschützten Rahmen stattfinden, zahlt das direkt auf eure psychologische Sicherheit ein. Das nimmt den Druck aus den meisten Meinungsverschiedenheiten heraus.

Psychologische Sicherheit bedeutet, dass ihr in eurem Team aussprechen könnt, was ihr denkt – ohne Angst haben zu müssen, dass ihr dafür ausgelacht oder abgestraft werdet. Es geht um ein Klima, in dem Fragen erlaubt, Fehler nicht verteufelt und Meinungen gehört werden. Eine Studie von Google[13] belegt, dass gerade Hochleistungsteams ein hohes Maß an psychologischer Sicherheit auszeichnet.

Es gibt zwei Varianten des Konflikt-Klärungs-Meetings:

- als regelmäßiger Termin, wir empfehlen spätestens alle 2 Monate
- kurzfristig, wenn ein Konflikt entsteht oder zu eskalieren droht

Das regelmäßige Konflikt-Klärungs-Meeting (alle 2 Monate)

▶ Teilnehmende:

Das Team (3 bis maximal 12 Personen)

▶ Dauer:

2 bis 3 Stunden, je nach Teamgröße und Anzahl der eingebrachten Anliegen

▶ Frequenz:

Alle 2 Monate (als fester Bestandteil der Meetingkultur)

▶ Feste Rollen:

Die Moderation erfolgt idealerweise durch eine neutrale, konflikt-erfahrene Person (zum Beispiel aus der Personalabteilung oder einen Kollegen oder eine Kollegin mit Moderations- oder Mediationserfahrung aus einem Nachbarteam).

▶ Ablauf:

10 MIN

1. Check-in

Gerade bei diesem Format ist ein gemeinsames Ankommen in Form eines Check-ins essenziell. Er hilft euch, als Team und Gruppe miteinander in Verbindung zu treten und einen Kontext füreinander zu schaffen. Es darf auch eine tiefgründigere Einstiegsfrage sein, die zur Selbstreflexion anregt:

- Was darf aktuell mehr Platz in meinem Leben einnehmen?
- Was möchte ich gerne wieder loslassen?

Wie immer gilt: Der Check-in ist freiwillig – wer nichts teilen möchte, hört einfach zu.

5 MIN

2. Intro & Spielregeln

Die Moderation stellt allen Teilnehmenden das Ziel, die Regeln und den Ablauf des Meetings in Kürze vor: Es geht darum, Differenzen aller Art offen anzusprechen und – wo möglich – direkt zu klären. Dazu gelten klare Spielregeln:

- Die Teilnahme am Meeting ist freiwillig.
- Wer dabei ist, muss kein eigenes Thema einbringen.
- Es gilt das »*Las Vegas*«-Prinzip: Was im Raum besprochen wird, bleibt auch im Raum. (»*What happens in Vegas stays in Vegas.*«)

10 MIN

3. Anliegen sammeln

Alle, die ein Thema einbringen möchten, nennen es kurz – ohne inhaltliche Details. Die Moderation notiert die Themen in Kurzform (zum Beispiel »*Unklare Rollen im Projekt XY*« oder »*Feedback zur Zusammenarbeit im Projekt XY*«) und fragt nach:

- Wie viele Personen sind davon betroffen?
- Wie hoch wird die Intensität des Themas auf einer Skala von 1 bis 10 eingeschätzt?

Das Thema wird für alle sichtbar auf einem Flipchart, Klebezettel oder Whiteboard festgehalten.

4. Klärungsrunden

10-15 MIN PRO THEMA

Die Moderation startet mit einem Thema – meistens mit dem Konflikt, dessen Intensität die höchste Bewertung erhalten hat. Bei Teams, die das Format neu einführen, empfehlen wir, mit einem leichteren Thema einzusteigen.

- Die einbringende Person A fragt die betroffene(n) Person(en) B, ob sie bereit dazu ist (sind), das Thema in der Runde zu lösen. Sollte die jeweilige Person ablehnen, können die beiden vereinbaren, wann und wo ein geeigneter Zeitpunkt ist, das Thema zu klären.
- Wenn B bereit dazu ist, stellt A ihr Anliegen vor: Was stört sie? In welcher konkreten Situation hat sie das Verhalten bei B beobachtet? Welche Gefühle löst es aus? Welches Bedürfnis steckt bei A dahinter?

  Beispiel: »*Monika, in den letzten 3 Jour-fixe-Meetings hattest du einen sehr großen Redeanteil. Deine Themen wurden ausführlich besprochen. Zweimal war kein Platz mehr für meine Anliegen, weil die Zeit zu knapp war. Mich hat das einfach geärgert. Ich hab das Gefühl, dass ich durch deine starke Präsenz in den Meetings nicht gehört und gesehen werde.*«

- Die angesprochene Person B hört zu, spiegelt anschließend das Gehörte (»*Ich habe verstanden, dass …*«) und darf auch Verständnisfragen stellen.

  Beispiel: »*Ich habe verstanden, dass ich in den Jour-fixe-Terminen zu viel Zeit für meine Themen einfordere und andere Themen dadurch keinen Platz mehr haben.*«

- Person A gibt Person B Feedback, ob sie sich richtig verstanden fühlt, und kann bei Bedarf so lange nachschärfen, bis das der Fall ist.
- Dann wechseln die Rollen: Person B schildert ihre Perspektive. A spiegelt, was sie gehört hat, und stellt Verständnisfragen.

  Beispiel: »*Mir war es gar nicht bewusst, dass ich so vorgeprescht bin. Das Thema XY begeistert mich sehr, weil ich glaube, dass es für unser Team eine riesige Chance ist. Bitte bremst mich das nächste Mal aus, wenn ich wieder so in Fahrt bin. Ich wusste nicht, dass du deine Themen gar nicht mehr platzieren konntest.*«

- Dieser Dialog wird so lange fortgeführt, bis beide Seiten sagen: *»Ich fühle mich gehört und verstanden.«*
- Abschließend verständigen sich beide Seiten, ob das gegenseitige Verständnis bereits ausreicht oder ob weitere Schritte nötig sind – etwa ein Folgegespräch unter vier Augen.

Wichtig: Nicht jeder Konflikt braucht sofort eine Lösung. Oft reicht es, sich gesehen und verstanden zu fühlen.

15 MIN

5. Wertschätzungsrunde

Wenn alle Konflikte angesprochen und/oder geklärt wurden, könnt ihr noch für einen positiven Abschluss sorgen, und zwar mit einer Wertschätzungsrunde: Reihum können die Teilnehmenden einander mitteilen, was sie aneinander schätzen oder wofür sie dankbar sind – sei es bezogen auf das Meeting oder den Arbeitsalltag.

Auch hier gilt: Wer nichts sagen möchte, hört einfach zu.

5 MIN

6. Abschluss und Check-out

Zwei Blitzlicht-Fragen sorgen dafür, gut aus dem Meeting herauszugehen:

- Wie geht's mir gerade auf einer Skala von 1 bis 5?
- Was möchte ich noch loswerden, um gut aus der Runde zu gehen?

Die Moderation gibt einen kurzen Ausblick, wie es mit offenen Themen weitergeht und wann das nächste Konflikt-Klärungs-Meeting stattfindet.

Das kurzfristige Konflikt-Klärungs-Meeting (bei akutem Anlass)

▶ Teilnehmende:

Die am Konflikt beteiligten Personen (2 bis 6 plus Moderation)

▶ Dauer:

Circa 1 Stunde, die Dauer variiert je nach Teilnehmendenzahl

▶ Frequenz:

Wenn eine Meinungsverschiedenheit/ein Konflikt aufkommt

▶ Feste Rollen:

Die Moderation erfolgt idealerweise durch eine neutrale, konflikterfahrene Person (zum Beispiel aus der Personalabteilung oder einen Kollegen oder eine Kollegin mit Moderations- oder Mediationserfahrung aus einem Nachbarteam).

▶ Ablauf:

1. Check-in 7 MIN

Bei diesem Format hat der Check-in eine besondere Bedeutung. Zum einen möchtet ihr als Moderation dafür sorgen, dass sich alle sicher fühlen. Es geht beim Konflikt-Klärungs-Meeting ja darum, im geschützten Rahmen eine Meinungsverschiedenheit aufzulösen. Dafür braucht es Vertrauen. Zum anderen dient der Check-in dazu, die womöglich angespannten oder erhitzten Gemüter zu beruhigen. Nutzt die folgenden zwei Fragen:

- Wie geht es mir gerade?
- Was brauche ich, damit es eine gute Session für mich wird?

5 MIN

2. Intro & Spielregeln

Das Ziel, die Regeln und der Ablauf werden vorgestellt: Es geht darum, Differenzen aller Art offen anzusprechen und – wo möglich – direkt zu klären. Die Spielregeln:

- Die Teilnahme am Meeting ist freiwillig.
- Es gilt das »*Las Vegas*«-Prinzip: Was im Raum besprochen wird, bleibt auch im Raum. («*What happens in Vegas stays in Vegas.*«)

15-35 MIN

3. Klärungsrunde

Die Moderation bittet eine der beteiligten Personen, die Meinungsverschiedenheit aus ihrer Sicht zu erläutern:

- Person A stellt ihr Anliegen vor: Was stört sie? In welcher konkreten Situation hat sie das Verhalten bei B beobachtet? Welche Gefühle löst es aus? Welches Bedürfnis steckt bei A dahinter?

  Beispiel: »*Nora, beim letzten Jour fixe haben wir ausgemacht, dass wir zusammen eine Auswahl treffen, welches Projektmanagement-Tool angeschafft werden soll. Gestern habe ich erfahren, dass du im Alleingang eines bestellt hast. Das ärgert mich einfach, weil ich gerne vorher verglichen hätte, welches Tool am besten passt. Ich fühl mich da einfach nicht gehört und auch ganz ehrlich total übergangen.*«

- Die angesprochene Person B hört zu, spiegelt anschließend das Gehörte (»*Ich habe verstanden, dass …*«) und darf auch Verständnisfragen stellen.

  Beispiel: »*Ich habe verstanden, dass sich Marc übergangen fühlt, weil ich das Tool schon bestellt habe, ohne mich mit ihm abzusprechen.*«

- Person A gibt Person B Feedback, ob sie sich richtig verstanden fühlt, und kann bei Bedarf so lange nachschärfen, bis das der Fall ist.

- Dann wechseln die Rollen: Person B schildert ihre Perspektive. A spiegelt, was sie gehört hat, und stellt Verständnisfragen.

  Beispiel: »*Marc, mir war nicht bewusst, wie wichtig die Entscheidung für dich ist. Sonst hätte ich mit dir gesprochen. Die IT-Abteilung hat mich gefragt, ob wir daran interessiert wären, eine Testversion des Projektmanagement-Programms zu nutzen. Da habe ich kurzerhand Ja gesagt.*«

- Dieser Dialog wird so lange fortgeführt, bis beide Seiten sagen: »*Ich fühle mich gehört und verstanden.*«

- Abschließend verständigen sich beide Seiten, ob das gegenseitige Verständnis bereits ausreicht oder ob weitere Schritte nötig sind – etwa ein Folgegespräch unter vier Augen.

Wichtig: Der Konflikt muss nicht unbedingt gelöst werden. Oft reicht die Aussprache, um sich wieder auf Augenhöhe begegnen zu können.

4. Abschluss und Check-out

5 MIN

Wenn der Konflikt besprochen und vielleicht schon geklärt wurde, könnt ihr noch für einen positiven Abschluss sorgen.

Zwei Blitzlicht-Fragen:

- Wie geht's mir gerade auf einer Skala von 1 bis 5?
- Was möchte ich noch loswerden, um gut aus der Runde zu gehen?

Tipps aus der Praxis:
Die Rolle der Moderation ist besonders wichtig beim Konflikt-Klärungs-Meeting. Gerade zu Beginn empfehlen wir, das Format durch eine externe Person durchführen zu lassen. Im Idealfall bringt sie Erfahrung in Mediation oder systemischem Coaching mit. Das kann jemand aus einem anderen Team sein oder jemand aus eurer Personalabteilung. Eine Doppelrolle – also gleichzeitig Teilnehmende und Moderation zu sein – ist bei diesem Format eher ungünstig. Wenn ihr selbst an einem Konflikt beteiligt seid,

fehlt euch die nötige Neutralität, und das wiederum schmälert das Vertrauen der anderen Teilnehmenden. Teams, die wenig Erfahrung mit direkter Konfliktansprache haben, profitieren außerdem von einer kurzen Einführung oder einem Training, beispielsweise zur Gewaltfreien Kommunikation.

Gewaltfreie Kommunikation (kurz GFK) ist ein Kommunikationsansatz, der darauf abzielt, menschliche Beziehungen zu stärken und Konflikte konstruktiv zu lösen, indem Bedürfnisse und Gefühle klar und respektvoll ausgedrückt werden. Der Ansatz, entwickelt von Marshall B. Rosenberg, basiert auf diesen vier Schritten:

1. Beobachtung (ohne Bewertung)
2. Gefühl (eigene Emotion ausdrücken)
3. Bedürfnis (was mir wichtig ist)
4. Bitte (konkret und umsetzbar)

Das Ziel von GFK ist es, Menschen zu ermächtigen, mit sich selbst und anderen in eine empathische Verbindung zu treten und konstruktive Lösungen für Konflikte zu finden. GFK kann in vielen Bereichen des Lebens angewendet werden, beispielsweise in Beziehungen, in der Arbeit und in der Familie.

Ein Mantra können wir gar nicht oft genug wiederholen: Nicht jedes Thema muss zu einer Lösung führen! Sich gehört und verstanden zu fühlen, ist oft schon der wichtigste Schritt. Für schwere Konflikte (zum Beispiel Mobbing-Vorwürfe) ist dieses Format nicht geeignet. Hier ist professionelle Unterstützung notwendig. Für das regelmäßige Format gilt: Weniger ist mehr. Lieber wenige Themen gründlich klären, statt zu viel auf einmal lösen zu wollen.

Und ein letzter Tipp: Dem kurzfristigen Konflikt-Klärungs-Meeting tut es manchmal gut, wenn sich die Gemüter erst einmal beruhigen konnten. Zu starke Emotionen verhindern, dass die Teilnehmenden die Regeln beachten. Wenn die Beteiligten vor dem Meeting noch eine Nacht drüber schlafen können, ist die Schärfe meist schon verflogen und man kann sich auf Augenhöhe begegnen.

Bonus: Das Fokus-Meeting – Konzentration ist die Königin

▶ Zweck des Meetings:

Das Fokus-Meeting schafft einen festen Rahmen, in dem ihr Aufgaben fokussiert abarbeiten könnt – ohne Ablenkungen und Unterbrechungen.

▶ Warum das Fokus-Meeting eine gute Idee ist:

Unser Arbeitsalltag ist geprägt von Dauererreichbarkeit, Meeting-Marathons und ständigem Kontextwechsel. Ein wirklich fokussiertes Arbeiten wird dadurch zur Herausforderung. Laut einer Studie[14] zu *Kosten von Arbeitsunterbrechungen für deutsche Unternehmen* des Next Work Innovation Think Tanks werden Beschäftigte alle vier Minuten während ihrer Tätigkeit unterbrochen. Unser Gehirn benötigt nach jeder dieser Unterbrechungen Zeit, bis es wieder auf die Aufgabe fokussiert ist.

Diese Zeit der Re-Fokussierung kostet deutsche Unternehmen 58,5 Milliarden Euro – und das pro Jahr wohlgemerkt. Die starke Fragmentierung führt auch zu einem höheren Stresserleben in den Unternehmen. Und genau hier setzt das Fokus-Meeting an. Das Prinzip ist relativ einfach: Du blockst dir ein klar definiertes Zeitfenster in deinem Kalender von 60 bis 90 Minuten. Während dieser Zeit arbeitest du fokussiert und konzentriert an den eigenen Aufgaben.

Es gibt auch keine E-Mails zwischendurch, keine Anrufe und keine Meetings mit anderen. Du schaltest bewusst alle potenziellen Ablenkungsquellen auf stumm. Dein Smartphone bleibt am besten außer Sichtweite. Wir orientieren uns bei dem Format an der Pomodoro-Technik, bei der in festen Zeitintervallen intensiv gearbeitet und dann eine kurze Pause eingelegt wird.

Das Fokus-Meeting hilft nicht nur dabei, Aufgaben schneller und effizienter zu erledigen, sondern trainiert auch die Fähigkeit, bewusst Ablenkungen auszuschalten und produktive Routinen zu etablieren.

▶ Teilnehmende:

Du alleine

▶ Dauer:
Circa 75 Minuten

▶ Frequenz:
Nach Bedarf, gerne mehrmals pro Woche

▶ Feste Rollen:
Du achtest selbst darauf, den Zeitplan einzuhalten.

▶ Ablauf:

5 MIN

Vorbereitung

Trage dir das Fokus-Meeting in deinen Kalender ein. Am besten blockierst du dir die Fokus-Zeit als regelmäßige Routine, etwa jeden Dienstagvormittag. Bevor du in dein Fokus-Meeting startest, deaktiviere alle E-Mail- und Chat-Benachrichtigungen und schalte dein Handy in den Flugmodus.

5 MIN

1. Check-in

Lege konkret fest, welche Aufgabe du in den nächsten 60 Minuten fokussiert bearbeiten möchtest. Dabei helfen dir diese Check-in-Fragen:

- Welches Thema hat heute Priorität?
- Welche Aufgabe will ich in dieser Zeit voranbringen?
- Was wäre ein realistisches und gutes Ergebnis am Ende dieser Fokuszeit?

Das bewusste Festlegen eines Ziels erhöht auch die Verbindlichkeit und hilft dir, gedanklich schneller in den Flow zu kommen.

55 MIN

2. Fokus-Arbeit nach der Pomodoro-Technik

Stelle dir einen Timer und bearbeite dann deine Aufgaben für 25 Minuten. Gönne dir danach ganz bewusst eine fünfminütige Pause: Aufstehen, Raum lüften, auch mal weg vom Schreibtisch gehen.

Starte in eine neue 25-Minuten-Runde fokussierter Arbeit.

3. Check-out: Mini-Reflexion

3 MIN

Im Check-out reflektierst du für dich selbst deine vorangegangene Fokus-Session mithilfe folgender Fragen:

- Was habe ich heute geschafft?
- Gab es Störungen, die ich beim nächsten Mal besser vermeiden könnte?

Tipps aus der Praxis:
Das Fokus-Meeting ist kein Lückenfüller, sondern ein bewusstes Investment in deine eigene Produktivität. Verteidige dein Fokus-Meeting. In der Praxis wird das Fokus-Meeting gerne von den Kollegen überbucht. Schlage hier alternative Termine vor, zu denen du wirklich Zeit für ein Meeting hast. Das Fokus-Meeting funktioniert nur, wenn du auch wirklich konzentriert arbeiten kannst – daher: Handy weg, E-Mail-Programm aus, Tür zu. Berücksichtige deine biologische Primetime: Zu welcher Uhrzeit bist du am produktivsten? Es macht keinen Sinn, wenn du am Ende eines langen Arbeitstages noch ein Fokus-Meeting einschiebst.

Und: Weniger ist mehr. Wenn du dir für jeden Tag ein Fokus-Meeting in den Kalender einstellst, du aber mehr als die Hälfte davon wieder canceln musst – dann führst du das System ad absurdum. Deshalb lieber weniger Fokus-Sessions, diese dann aber verteidigen.

Ø4

Die Meeting-kultur von oben

Die Meetingkultur als Teil der Unternehmenskultur

Wir zoomen in diesem Kapitel einmal ganz weit aus dem Unternehmen raus und schauen uns die Meetingkultur aus der Vogelperspektive an. Wir wollen klären, wo Meetingkultur im Unternehmen eine Rolle spielt, wodurch sie beeinflusst wird und wie ihr sie verändern könnt.

Wir haben nicht den Anspruch, eine allgemeingültige oder sogar vollständige Definition für den Begriff »*Meetingkultur*« zu erarbeiten. Das können Sozialwissenschaftler und Systemtheoretikerinnen besser als wir.

Wir wollen uns der Idee der Meetingkultur aber Schritt für Schritt nähern und vor allem die Punkte genauer beleuchten, die für deine Umsetzung im Unternehmensalltag wichtig sind.

Wie können wir den Begriff »Unternehmenskultur« greifbarer machen?

Es gibt zahlreiche Modelle und Theorien zum Thema Unternehmenskultur. Wir umschreiben den Begriff so:

Unternehmenskultur ist die Summe aller gemeinsamen Werte, Normen und Einstellungen. Diese prägen die Entscheidungen, die Handlungen und das beobachtbare Verhalten der Menschen in der Organisation.

Der Einfluss der Werte, Normen und Einstellung wird zum Teil bewusst wahrgenommen. Oft ist der Einfluss der Unternehmenskultur auf die einzelnen Personen aber nicht eindeutig spürbar. Er findet daher eher unbewusst statt.

Ein Beispiel: Steffi nimmt einen neuen Job in einem Unternehmen an, in dem es Usus ist, sich sehr genau an die vorgegebenen Prozesse zu halten. Die fehlende Entscheidungsfreiheit engt sie am Anfang stark ein. Nach einer Zeit erwischt sie sich dabei, stur einem Prozess zu folgen und Dinge gar nicht mehr zu hinterfragen. Die von der Unternehmenskultur getragene und geforderte Genauigkeit hat deutlich auf sie abgefärbt.

Die Meetingkultur als fester Baustein der Unternehmenskultur

Die Unternehmenskultur wird also geprägt von Werten, Normen und Einstellungen. Das klingt noch ein bisschen hölzern – geben wir zu. Es wird greifbarer, wenn wir uns anschauen, wo sich die Unternehmenskultur im Alltag zeigt.

Unter anderem ...
... im Umgang mit Fehlern,
... in der Führungsarbeit,
... in der Kommunikation untereinander,
... in der Bereitschaft, Neues auszuprobieren,
... und auch in Meetings.

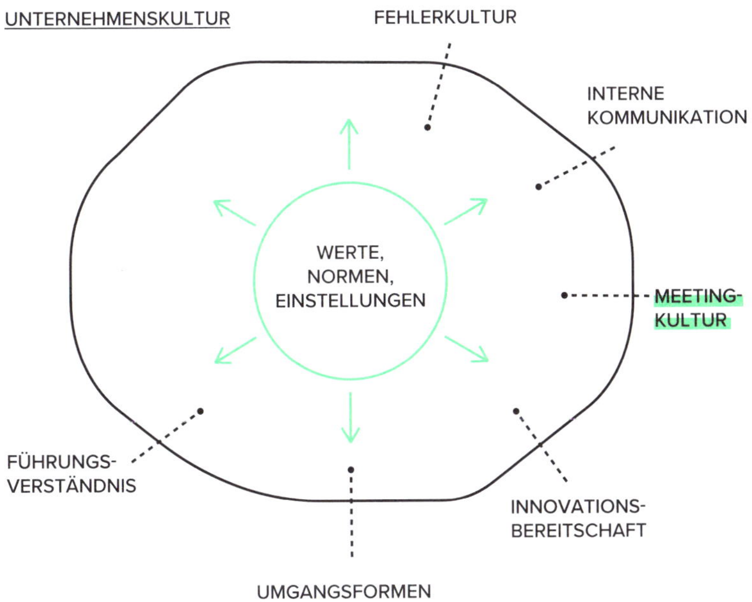

Die Meetingkultur ist also ein fixer Bestandteil der Unternehmenskultur. In den Subsystemen Führungskultur, Fehlerkultur, Meetingkultur und anderen tauchen immer wieder Symptome des großen Systems Unternehmenskultur auf. Du kannst dir die Meetingkultur auch wie eine Projektionsfläche für die Unternehmenskultur vorstellen. Die unternehmensweiten Werte, Normen und Einstellungen zeigen sich nämlich ganz deutlich in Meetings.

Im Kapitel »Die 8 Unternehmenskultur-Sünden, die sich in Meetings zeigen« wird dargestellt, welche Auswüchse einer schlechten Unternehmenskultur in Meetings zu finden sind.

Hier ein Beispiel: Wenn das gesamte Unternehmen mit Druck und Drohungen geführt wird, findest du diese »*Führungsprinzipien*« garantiert auch in den Meetings wieder. Es entscheiden immer diejenigen, die in der Hierarchie ganz oben stehen. Für Fehler werden »*die Schuldigen*« vor der versammelten Mannschaft zur Rechenschaft gezogen. In den Meetings herrscht eine beklemmende Atmosphäre.

Beeinflusst werden und beeinflussen

Die Unternehmenskultur beeinflusst also die Meetingkultur. Und sie zeigt sich auch in der Meetingkultur. Interessanterweise ist das aber keine Einbahnstraße. Alle Subsysteme – also auch die Meetingkultur – üben Einfluss auf die gesamte Unternehmenskultur aus.

Hier greift das Gesetz der Reziprozität. Das bedeutet, dass sich Systeme und Subsysteme gegenseitig oder wechselseitig beeinflussen.

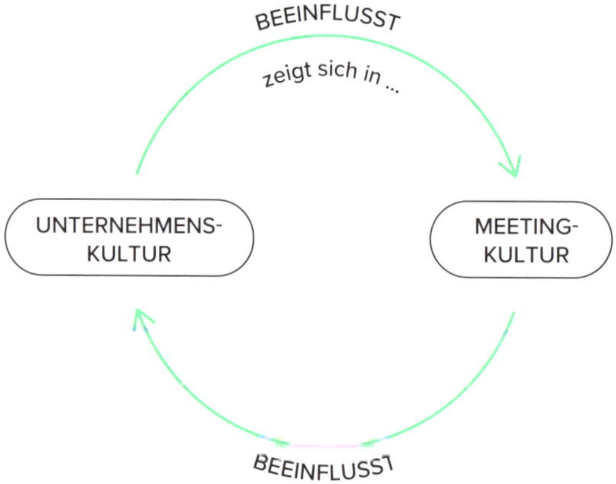

Und das sind gute Neuigkeiten für dich. Denn damit ist es auch möglich, dass aus den Subsystemen heraus Veränderungen angestoßen werden, die die gesamte Unternehmenskultur verändern. Warum ihr dazu häufig ein paar Mutige und manchmal auch einen langen Atem braucht, klärt der nächste Abschnitt. Dazu müssen wir noch einmal ein bisschen rauszoomen.

Das Unternehmen als Organismus

Ein Bild, um die Unternehmenskultur beschreibbar zu machen, stammt aus der Biologie. Das Unternehmen wird darin mit einem Organismus verglichen. Drei Analogien werden aus der Biologie übernommen.

Genau wie ein Organismus ...

... setzt sich das Unternehmen aus verschiedenen Bestandteilen zusammen: Mitarbeitende, Führungskräfte, Teams, Abteilungen und weitere. Die Bestandteile beeinflussen sich gegenseitig. Sie werden auch durch die gesamte Organisation beeinflusst. Und sie üben Einfluss auf das Konstrukt der Organisation aus (Reziprozität, siehe oben).

... reagiert ein Unternehmen auf Veränderungen im Inneren und auf Veränderungen von außen. Da es ständig Veränderungen gibt, kennt das System auch keinen Stillstand, es ist ständig in Bewegung.

... versucht ein Unternehmen, einen stabilen Zustand beizubehalten. In der Biologie wird dieser Gleichgewichtszustand als Homöostase bezeichnet. Sind die Veränderungen von innen oder außen zu groß, versucht das System gegenzusteuern, um im gewohnten Gleichgewicht zu bleiben.

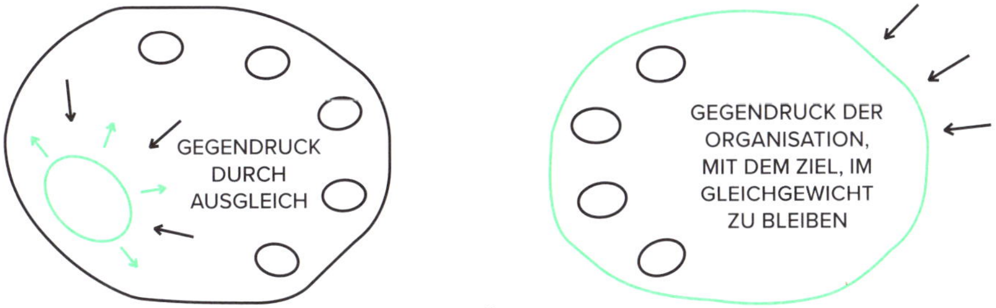

VERÄNDERUNG VON INNEN

VERÄNDERUNG VON AUSSEN

Gleichgewicht im großen Ganzen und in den kleinen Systemen

Wie ein Organismus strebt die Organisation (euer Unternehmen) also nach Gleichgewicht. Das gilt aber nicht nur für die gesamte Unternehmenskultur, sondern für alle ihre Subsysteme – und damit auch für die Meetingkultur: Sie strebt nach Homöostase. Das ist auch der Grund dafür, dass kleinere Eingriffe wie etwa Meetingregeln auf Postern relativ wenig Wirkung zeigen. Sie bringen das System noch nicht stark genug ins Wanken. Nach ein paar Wochen hängen die Poster vielleicht noch da, aber kaum jemand schaut überhaupt noch drauf oder hält sich an die Regeln – die Trägheit des Systems gewinnt.

Auch die Meetingkultur hat Subsysteme

Die Meetingkultur des Unternehmens ist nicht gleichmäßig über den gesamten Organismus verteilt. Es gibt also genau genommen mehrere kleine Meetingkulturen in eurem Unternehmen. Beispielsweise kann es sein, dass eure Finanzbuchhaltung eine völlig andere Meetingkultur lebt als eure Marketingabteilung.

Es kann auch sein, dass abteilungsübergreifende Projektteams ein völlig anderes Meetingverhalten an den Tag legen als andere. Diese Unterschiede merkt ihr am deutlichsten, wenn ihr einmal als Gäste in das Meeting einer anderen Abteilung eingeladen werdet. Das zeigt, warum allgemeingültige Meetingregeln für die gesamte Organisation meistens ins Leere greifen: In den Meetingkultur-Subsystemen treten ganz unterschiedliche Herausforderungen auf.

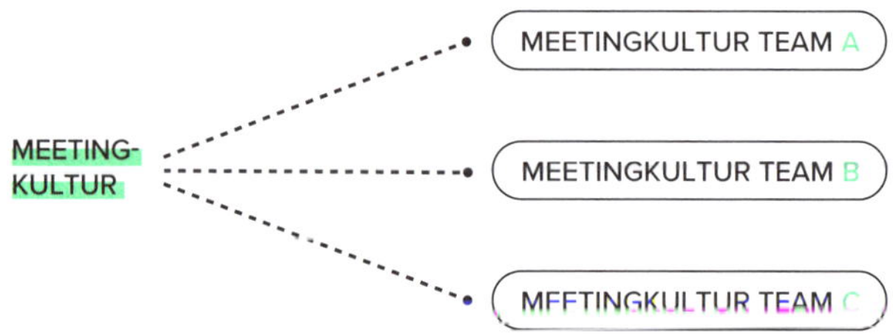

Wie verändert ihr eure Meetingkultur?

Ganz einfach, indem ihr in eurem Subsystem anfangt, also in eurem Team. Dort könnt ihr im kleinen Rahmen erst einmal ein paar Hæcks einführen, um dann Stück für Stück neue Meetingtypen zu etablieren. Einen Gameplan für die ersten fünf Wochen findet ihr im Kapitel »*Starthilfe für eure Umsetzung*« weiter hinten.

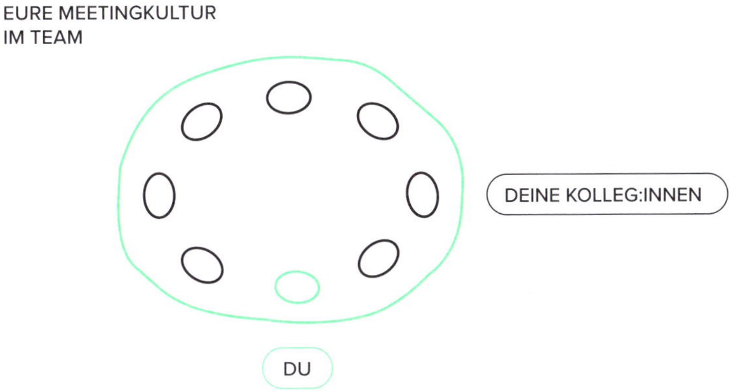

Habt ihr eure Meetingkultur erst einmal auf Vordermann gebracht, könnt ihr in abteilungsübergreifenden Meetings Brandstifter für die Veränderung sein, zum Beispiel in unterschiedlichen Projekt-Meetings, in denen Kolleginnen und Kollegen aus anderen Teams sitzen.

Die Idee der kritischen Masse

Die Theorie der »*kritischen Masse*« besagt, dass in sozialen Systemen eine bestimmte Mindestanzahl an Menschen für eine Veränderung gewonnen werden muss, damit diese Veränderung nachhaltig im gesamten System umgesetzt wird. Aus verschiedenen Studien lässt sich ein grober Korridor bestimmen: 10 bis 25 Prozent der Gruppenmitglieder müssen den Wandel mittragen, damit Veränderung auch nachhaltig erreicht wird.

Als Faustregel merkt euch die 25 Prozent. Ein Viertel deiner Teammitglieder müsst ihr also begeistern, damit ihr eure Meetingkultur aufpolieren könnt. Bei einer Teamgröße von acht Personen reichen also schon zwei Personen.

Diese Schwelle von 25 Prozent ist notwendig, weil sie genügend sozialen Druck erzeugt, der die Veränderungen unterstützt und aufrechterhält. Unterhalb dieser Schwelle kehrt das System tendenziell in den Status quo zurück – Veränderungsimpulse sind zu schwach. Es ist also clever, wenn ihr euch von Anfang an Verbündete sucht. So könnt ihr gemeinsam das System aus dem Gleichgewicht bringen.

Noch einen Schritt weitergedacht

Veränderst du die Meetingkultur in eurem Subsystem, kann das auch euer Nachbarteam anstecken: »*Wir haben mitbekommen, dass ihr da was anders macht. Das wollen wir auch.*«

Das Nachbarteam trägt die Veränderungen wiederum in andere Abteilungen. Schafft ihr in den Subsystemen die magische 25-Prozent-Hürde, ist die Chance groß, dass ihr die gesamte Meetingkultur im Unternehmen entscheidend verbessert.

Und nach dem Gesetz der Reziprozität (siehe oben) wird das auch großen Einfluss auf die gesamte Unternehmenskultur haben.

Warum ihr den Hebel der Meetingkultur dringend nutzen solltet, um eure gesamte Unternehmenskultur zu verbessern, zeigt euch der nächste Abschnitt. Dort beleuchten wir die größten Unternehmenskultur-Sünden, die in Meetings ihre Bühne suchen.

Die 8 Unternehmenskultur-Sünden, die sich in Meetings zeigen

Zeigt uns eure Meetingkultur und wir sagen euch, wie es um eure Unternehmenskultur steht. Bei unseren Recherchen, was gute und was schlechte Meetings ausmacht, haben wir viele Interviews geführt. Eine bittere Erkenntnis daraus: Wo eine schlechte Meetingkultur herrscht, sieht es auch mit der gesamten Unternehmenskultur nicht gut aus.

Oder umgekehrt: Eine vernachlässigte Unternehmenskultur mit wenig Wertschätzung und mangelndem Teamspirit spiegelt sich auch in den Meetings wider. Gerade in streng hierarchisch geprägten Unternehmen werden Meetings oft genutzt, um die eigene Position zu manifestieren. Wir haben acht Unternehmenskultur-Sünden, die ihr hässliches Gesicht in Meetings zeigen, für euch näher beleuchtet, ohne Anspruch auf Vollständigkeit:

1. Machtmissbrauch: Um die eigene Stellung deutlich zu machen, kommen manche Führungskräfte absichtlich zu spät und lassen die Teilnehmenden warten. Macht wird auch gerne mal durch besonders lange Redeanteile ausgedrückt, oder man fällt anderen ins Wort. Hauptsache *»Ober sticht Unter«*.

2. Eine Steigerung ist offenes Desinteresse bis hin zur Herabwürdigung einer Person vor versammelter Mannschaft. Diese Machtspiele zeigen sich oft auch außerhalb der Meetings im *»normalen«* Arbeitsalltag, was zu Misstrauen und Angst führen kann.

3. Informationen werden zurückgehalten: Absichtlich beteiligt die Person sich nicht am Meeting und hält wichtige Informationen zurück: *»Ich bin unersetzlich, weil nur ich weiß, wie alles funktioniert.«* Solche *»Wissenssilos«* behindern den Informationsfluss und gefährden ganze Projekte.

4. Kontrollwahn: Ein Protokoll zu führen, ist grundsätzlich eine gute Sache. Das Protokoll schafft Verbindlichkeit. Man kann es aber auch übertreiben, beispielsweise mit einem minutiös geführten Protokoll – seitenlange Abhandlungen, die niemand liest. Die Motivation dahinter? Die Kontrolle des Teams. Aussagen, die Monate zuvor getroffen wurden, werden dann stolz hervorgeholt und als Gegenargument verwendet. Ihr kennt das vielleicht: Überall dort, wo viele Kontrollmechanismen eingesetzt werden, herrscht ein Klima des Misstrauens.

5. Verantwortungsdiffusion: Meetings verschlingen oft Stunden wertvoller Arbeitszeit, ohne dass wirklich Ergebnisse erzielt werden: *»Haben wir jetzt überhaupt eine Entscheidung getroffen?«* Solche Meetings können ein Indikator dafür sein, dass im Unternehmen eine Kultur der Unverbindlichkeit herrscht. Es ist häufig unklar, was genau beschlossen wurde, wer den Hut aufhat und bis wann die Aufgabe erledigt sein muss. Die Verantwortung wird oft hin und her geschoben, vor allem, wenn etwas schiefgeht: *»Ich dachte, das macht Peter.«*

6. Versagensangst: Die Schwester der Verantwortungsdiffusion ist die Angst vor dem Scheitern. Aus Furcht, etwas falsch zu entscheiden und dafür bestraft zu werden, wird die Entscheidung oft vertagt. Auch das hemmt die Entwicklung der gesamten Organisation.

7. FOMO – Fear Of Missing Out: Die Angst, etwas zu verpassen, führt oft dazu, dass zu viele Personen an einem Meeting teilnehmen, die eigentlich nichts beitragen können. Häufig tritt das in Kombination mit der Meetingsünde *»Informationshortung«* auf. Dahinter steckt der Gedanke: *»Ich muss informiert bleiben, nur dann kann ich mich unentbehrlich machen.«* So entstehen viel zu große Meetings, in denen sich übergroße Egos zur Schau stellen. Wichtigtuerei verdrängt Zusammenarbeit auf Augenhöhe.

8. Gleichgültigkeit: Was für ein Frust, in einem Online-Meeting von Anfang an in schwarze Kacheln zu starren! Selbst auf die Bitte hin, die Kamera einzuschalten, bleibt alles schwarz. In Face-to-Face-Meetings gibt es eine noch perfidere Form der Gleichgültigkeit: Teilnehmende tippen völlig abwesend auf ihren Smartphones herum oder unterhalten sich in Zimmerlautstärke. Für diese Menschen müssten wir eigentlich eine neue Bezeichnung finden: die *»Beisitzenden«*, die *»Zufälliganwesenden«*, die *»Ignorierenden«*. Der Begriff *»Teilnehmende«* ist hier unpassend. Besonders perfide: Augenrollen, übertrieben zur Schau gestelltes Desinteresse und Seufzen.

Rettet eure Meetingkultur

Die acht Kultursünden haben euch hoffentlich die Augen geöffnet, wie dringend es ist, dass sich jemand um die Meetingkultur kümmert. In diesem Abschnitt geht es darum, euch Mut zu machen, Meetingheldin oder Meetingheld zu werden. Die Tipps aus der Praxis zeigen euch, wie ihr mit der Veränderung beginnen könnt und den Stein ins Rollen bringt.

Du bist die Veränderung

Die Überschrift könnte auch ein kluger Kalenderspruch sein, das ist uns bewusst. Wir meinen es aber genau so: Es braucht aus unserer Sicht immer eine Person, die das Thema Meetingkultur ins Team und ins Unternehmen trägt – jemanden, die oder der nicht mehr länger dem Gejammere über schlechte Meetings zuhören möchte, sondern die Ärmel hochkrempelt und anpackt.

Nachdem du ja bis hierher gelesen hast, gehen wir davon aus, dass du genau zu diesen Menschen gehörst, die die Meetingkultur aktiv angehen wollen. Du gehörst also zu den Meetingheldinnen und -helden.

Was kann ich als Einzelperson schon ausrichten?

Viele Menschen leiden unter schlechten Meetings, machen aber nichts dagegen. Häufig aus einer gefühlten Ohnmacht heraus:

- Ich wüsste gar nicht, wo ich da anfangen sollte.
- Ich weiß gar nicht, ob ich die richtige Person bin.
- Ich glaube nicht, dass ich so viel Einfluss habe, um wirklich was zu verändern.

Wir möchten euch den »*Circle of Influence*« vorstellen. Er macht deutlich, dass ihr viel mehr Einfluss ausüben könnt, als ihr bisher für möglich gehalten habt. Stephen R. Covey beschreibt das Modell in seinem Buch *Die 7 Wege zur Effektivität*[15].

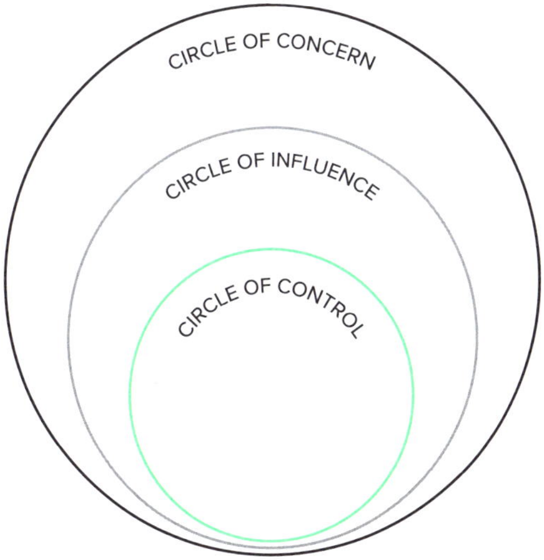

KREIS DER BEDENKEN

Themen, die du weder entscheiden noch beeinflussen kannst.

KREIS DES EINFLUSSES

Themen, die du beeinflussen, aber nicht entscheiden kannst.

KREIS DER KONTROLLE

Themen, die du beeinflussen und entscheiden kannst.

Das Modell ist dreigeteilt:

1. Circle of Control (Kreis der Kontrolle)
Im innersten Kreis liegen die Dinge, über die eine Person die volle Kontrolle und auf die sie vollen Einfluss hat. Dazu gehören eigene Handlungen, Reaktionen, Einstellungen und Entscheidungen.

2. Circle of Influence (Kreis des Einflusses)
Der mittlere Kreis, der Kreis des Einflusses, umfasst die Bereiche, über die eine Person nicht direkt entscheiden kann. Sie hat aber in diesem Bereich die Möglichkeit, auf andere Personen durch Ihre Handlungen einen Einfluss auszuüben.

3. Circle of Concern (Kreis der Bedenken)
Der äußere Kreis umfasst alle Themen und Probleme, die eine Person betreffen oder die sie interessieren. Das können globale Ereignisse, wirtschaftliche Entwicklungen oder persönliche Angelegenheiten sein. Auf all diese Themen würden wir gerne Einfluss nehmen, sie liegen aber außerhalb unseres Einflussbereichs.

Die Idee dahinter: Wir konzentrieren unsere Energie und unsere Zeit nur auf die Dinge, die wir selbst entscheiden können oder auf die wir auch tatsächlich einen Einfluss haben. Die beiden inneren Kreise sind zusammen ein gutes Gegenmittel gegen das Ohnmachtsgefühl.

Der Circle of Influence in der Meetingkultur

Lasst uns das Kreis-Modell auf die Meetingkultur anwenden:

Circle of Control
Hier ist deine Selbstwirksamkeit am größten. Hier kannst du Dinge aktiv verändern:

- Du übernimmst die Moderation von Meetings.
- Du setzt gezielt Hæcks ein.
- Du verschickst aussagekräftige Einladungen.
- Du erscheinst pünktlich zu Meetings und so weiter.

Circle of Influence
Hier kannst du positiven Einfluss auf deine Kolleginnen und Kollegen ausüben:

- Du fragst nach, wenn in der Einladung der Zweck des Meetings nicht ersichtlich ist.
- Du bittest bei ausschweifenden Erläuterungen höflich darum, beim Thema zu bleiben.
- Du erstellst ein Erklärvideo, etwa wie Informationen auch asynchron weitergegeben werden können.

Fazit: Macht euch euren Circle of Control und euren Circle of Influence bewusst. Fokussiert eure Anstrengungen im ersten Schritt auf die Themen, die ihr selbst in der Hand habt oder die ihr beeinflussen könnt. So ist die Wahrscheinlichkeit deutlich größer, dass ihr wirklich etwas verändert.

Tipps aus der Praxis:

- Veränderungen sind für viele Menschen schwierig und mit Anstrengung verbunden. Startet mit kleinen, einfachen Schritten, die nicht nach großer Veränderung aussehen und andere damit auch nicht stutzig machen.
- Sprecht am besten von Anfang an nicht von »*Veränderung*«. Da bekommen viele schon Schnappatmung.
- Setzt die Hæcks als kleine trojanische Pferde ein: Sie wirken erst einmal unscheinbar, entfalten aber schnell ihre Wirkung.
- Fragt gar nicht erst lange nach, sondern legt einfach los.
- Sucht euch Verbündete und knackt gemeinsam die Kritische-Masse-Hürde von 25 Prozent.
- Wenn ihr einige Hæcks etablieren konntet, probiert im Team die ersten Meetingtypen aus der Meeting-Matrix aus.
- Tragt eure Erfahrungen in andere Teams und Projektgruppen, um noch mehr Mitstreiterinnen und Mitstreiter zu gewinnen, durch gegenseitige Hospitationen in Meetings und Ähnliches.
- Vielleicht der wichtigste Tipp: Systemveränderungen sind ein Marathon, kein Sprint. Versucht nicht, zu viel und zu schnell auf einmal verändern zu wollen: Schritt für Schritt – und am besten gemeinsam.

Also dann, in die Hände gespuckt und losgelegt. Danke, dass ihr das Thema Meetingkultur ins Unternehmen tragt.

Nach so vielen Hæcks, Meetingtypen und dem Blick von oben auf die Meetingkultur ist es völlig normal, dass ihr euch fragt: »Jetzt hab ich zwar das Wissen, aber wo fang ich nun an?«

In diesem Kapitel findet ihr mehrere Startpunkte, an denen ihr loslegen könnt. Für jeden Startunkt haben wir eine Schritt-für-Schritt-Anleitung entwickelt, sodass ihr mit einfachen Mitteln eure Meetingkultur ein ganzes Stück besser machen könnt, und zwar ohne euch selbst oder euer Team zu überfordern. Sucht euch den Startpunkt aus, bei dem ihr merkt, dass er für euch am wenigsten Überwindung bedeutet. Oder positiv formuliert: Schnappt euch den Startpunkt, auf den ihr am meisten Lust habt.

Ø5

Starthilfe für eure Umsetzung

Stellt eure Regelmeetings auf den Prüfstand

Schaut zusammen in euren Kalender und sammelt alle eure Serien-Meetings und Jour-fixe-Termine. Wenn ihr euch einen Überblick verschafft habt, geht ihr jedes einzelne Meeting durch und beantwortet so ehrlich wie möglich folgende Fragestellungen:

01 Welche Teile des Meetings können asynchron abgebildet werden?

02 Was kann ganz aus dem Meeting gestrichen werden?

03 Brauchen wir dieses Meeting überhaupt noch?

Wenn ihr euch nicht ganz sicher seid, könnt ihr den Regeltermin für ein oder zwei Monate ausfallen lassen und schauen, was passiert. In vielen Fällen werdet ihr feststellen, dass das Meeting überflüssig war.

Solltet ihr nicht ganz auf das Meeting verzichten wollen, helfen euch diese Tipps weiter:

- Reduziert die Frequenz, beispielsweise von wöchentlich auf zweiwöchentlich.
- Kürzt das Meeting deutlich ein, beispielsweise von 60 auf 40 Minuten.

Auch mit diesen beiden Maßnahmen spart ihr im Handumdrehen jede Menge Zeit ein.

Quick Wins für Konvolut-Meetings

Regelmeetings wurden irgendwann aus einem bestimmten Grund eingeführt. Häufig verkommen sie dann aber zu Sammelsurien verschiedener Zwecke: »*Wenn wir uns am Montag im Jour fixe treffen, können wir doch auch gleich noch* …« Das ist auch gut nachvollziehbar, sorgt aber leider dafür, dass ihr gar nicht mehr genau wisst, was eigentlich im Meeting gemacht werden soll.

Nachfolgend ein paar Ideen, um die Konvolut-Meetings auszumisten:

- Visualisiert die Agenda: Schreibt die Agenda-Punkte jeweils auf einen großen Klebezettel. Notiert außerdem darauf, welchen Zweck der Agenda-Punkt verfolgt, Entscheidung/Ideenfindung/Diskussion …
- Die Moderation weist alle Teilnehmenden darauf hin, wann ein Agenda-Punkt beendet ist und welchen Zweck der nächste Punkt verfolgt. Das klingt kleinschrittig, ist aber wertvoll für die Orientierung.
- Lagert die Parts des Meetings aus, die der reinen Infoweitergabe dienen, auf die Zeit davor oder danach. Dabei helfen euch die asynchronen Kommunikationsmittel wie One-Pager, Sprachnachricht, Erklärvideo …
- Legt bei Marathon-Sessions von mehreren Stunden unbedingt Pausen ein. Allerspätestens nach 60 Minuten gibt es eine fünf bis zehnminütige Unterbrechung.
- Überlegt euch im Vorfeld, ob Teile des Meetings lieber in Kleingruppen oder zu zweit besprochen werden sollen, weil sie nur wenige Teammitglieder wirklich betreffen.

Euer Hæck-Trainingsplan für die ersten fünf Wochen

Wir haben für euch fünf Hæcks ausgesucht, mit denen ihr ab morgen bedenkenlos durchstarten könnt. Sie benötigen kaum Aufwand und überfordern das Team auch nicht. Über fünf Wochen werden fünf Hæcks eingeführt, die eure Meetingkultur positiv beeinflussen werden.

Woche 01: Ab heute verratet ihr immer den Sinn und Zweck eures Meetings schon in der Einladung. Und ihr weist auch in der Begrüßung noch einmal alle Kolleginnen und Kollegen darauf hin.

Woche 02: Ab sofort schickt ihr immer eine Agenda in der Einladung mit **(Hæck Nr. 4)**. So bekommen die Kolleginnen und Kollegen einen Überblick, welche Inhalte auf sie warten.

Woche 03: Verkürzt ein paar eurer Termine, etwa von 60 auf 50 Minuten **(Hæck Nr. 5)**. Gegebenenfalls könnt ihr auch die Startzeit um ein paar Minuten verschieben, beispielsweise auf 10:05 Uhr.

Woche 04: Ab heute notiert ihr in jedem Meeting gut sichtbar für alle Teilnehmenden, wer was bis wann erledigen wird **(Hæck Nr. 26)**. Schickt den Kolleginnen und Kollegen die Zuständigkeiten im Nachgang auch noch via E-Mail zu.

Woche 05: Baut in mindestens drei Meetings in dieser Woche die ROTI-Feedbackmethode **(Hæck Nr. 28)** mit ein. Dank des Feedbacks wisst ihr auch, worauf ihr euch in den kommenden Wochen konzentrieren könnt.

Nach fünf Wochen habt ihr erfolgreich fünf Meeting-Hæcks etabliert. Selbstverständlich dürft ihr jetzt auch euren Teammitgliedern erzählen, was ihr verändert habt. Holt euch gerne auch nochmal mündlich Feedback einzelner Kolleginnen und Kollegen ein, welche Hæcks für sie am hilfreichsten waren. So findet ihr sicher ein paar Verbündete, die mit euch weitere Hæcks etablieren möchten.

Feedback einholen – Feedback nutzen

Wenn ihr das nächste Mal die Moderation übernehmt, könnt ihr am Ende des Meetings um Feedback bitten. So erhaltet ihr eine Rückmeldung, wie die Teilnehmenden das Meeting empfunden haben. Diese Einschätzung kann übrigens weit von eurer eigenen Einschätzung entfernt sein. Vielleicht habt ihr das Meeting selbst als zu zäh und wenig zielgerichtet empfunden. Für andere Teammitglieder dagegen hatte es eventuell eine zu hohe Geschwindigkeit und sie hätten gerne länger diskutiert.

Einen Perspektivwechsel gibt euch das ROTI:

- Bittet eure Kolleginnen und Kollegen, dass sie euch noch zwei Minuten ihrer Zeit schenken. Das ist dann besonders einfach, wenn ihr das Meeting schon etwas eingekürzt habt, denn dann haben auch noch alle Teilnehmenden Zeit.
- Erklärt kurz die 5-Finger-Technik von ROTI. Idealerweise blendet ihr über Beamer die Erläuterung ein, wofür die Anzahl der Finger steht (Hæck Nr. 28).
- Wer das Meeting mit 3 oder weniger bewertet, darf gerne noch eine Begründung auf einem Klebezettel an der Wand hinterlassen. Wer eine Verbesserungsidee für das nächste Meeting hat, sollte diese auch unbedingt auf einem Zettel festhalten.

Mithilfe des Feedbacks könnt ihr schauen, welche Hæcks Abhilfe für vorgebrachte Kritikpunkte schaffen, und sie Stück für Stück in eure Meetings einbauen. In regelmäßigen Abständen könnt ihr wieder mit der ROTI-Methode um Feedback bitten.

Viel Freude bei der Umsetzung – egal, womit ihr startet.

Ø6

Landeanflug

Die beiden Autoren sagen Servus

Wir, Bastian und Sebastian, hatten die erste Idee für dieses Buch schon 2019. Im gleichen Jahr entstanden auch die ersten Texte. Kaum vergehen sechs Jahre, sind Hunderte Stunden ins Projekt gesteckt, und man kann die gedruckte Version auch schon in Händen halten. Zack, so schnell kann's gehen.

Aus dem ursprünglichen Feierabendprojekt »*Eigentlich müssten wir ein Buch für bessere Meetings schreiben*« ist das Beratungsunternehmen Neue Meetingkultur gewachsen.

Nachfolgend verraten wir euch, wer hinter den Namen Bastian beziehungsweise Sebastian steckt:

Bastian Weickert

Meetings? Kann ich. Zu viele? Kenne ich. Bessere? Mache ich!

Mehr als zehn Jahre lang habe ich in einem Großkonzern der Automobilbranche gearbeitet, zuerst als Projektmanager, später als Agile Coach und Scrum Master. In dieser Zeit habe ich unzählige Meetings erlebt: die guten, die schlechten und die völlig überflüssigen.

Irgendwann hatte ich genug von Thrombose-Sitzungen und Meeting-Marathons: Es muss doch auch anders gehen! Genau das ist meine Motivation: die Arbeitswelt von morgen und insbesondere Meetings besser zu machen.

Die Gründung von Neue Meetingkultur mit Sebastian war der nächste logische Schritt. Jetzt hältst du tatsächlich unser Buch dazu in der Hand. Ich hoffe sehr, dass du und dein Team ab jetzt nicht nur weniger, sondern auch bessere Meetings habt.

Der Gedanke macht mich schon ein bisschen stolz.

Sebastian Wittmann

Seit über zwölf Jahren bin ich systemischer Coach. Mich fasziniert alles, was Zusammenarbeit besser macht. Deshalb ist mein Schwerpunkt auch Team- und Organisationsentwicklung.

Vor vielen Monden war ich Werbetexter. Und ich war sogar mal Lehrer – bis ich meine Verbeamtungsurkunde zurückgeschickt habe. Der Ruf der Selbstständigkeit und des Unternehmertums war einfach zu laut.

Was mich antreibt: Viel zu viele Menschen sind chronisch unzufrieden mit ihrer Arbeit. Dabei muss Arbeit gar nicht frustrierend sein. Wenn du deine eigene Rolle gefunden hast und zusammen mit anderen Dinge erreichst, die alleine niemand hätte bewerkstelligen können – dann erlebst du Erfüllung in deiner Arbeit. Denn dann gilt: 1+1=3.

Wenn dieses Buch einen kleinen Beitrag dazu leistet, dass ihr effektiver und mit noch mehr Freude zusammenarbeitet, dann macht mich das sehr glücklich. Sollte das für dich der Fall sein, freue ich mich über Erfolgsgeschichten. Schick sie gerne via E-Mail an: sebastian@neuemeetingkultur.de

Bastian Weickert

Sebastian Wittmann

Wenn ihr mehr möchtet

Mit den Meetingtypen und Hæcks aus dem Buch könnt ihr direkt durchstarten und ordentlich was bewegen in eurer Meetingkultur. Wir haben noch ein paar Asse im Ärmel – für alle, die sich mehr Infos wüschen oder schneller in die Umsetzung kommen wollen.

Infos und Updates auf der Website

Eure Anlaufstelle Nummer 1 ist unsere Website www.neuemeetingkultur.de. Dort findet ihr weitere Hæcks, etwa speziell für eure Online-Meetings. Sie sind genauso ausführlich beschrieben wie hier im Buch.

Auf der Website findet ihr auch viele kostenfreie Downloads für euch: von der Meeting-Matrix über Einladungsvorlagen bis hin zum Meeting-Manifest.

Es warten auf der Website außerdem noch Erklärvideos auf euch, beispielsweise zum Thema Online-Whiteboards.

Newsletter

Nichts mehr verpassen. Aktuelle Studien, neue Werkzeuge, Techniktipps, Podcast-Empfehlungen – das alles kommt regelmäßig und bequem in euren digitalen Postkasten geflattert.

Neue Meetingkultur als Sparringspartner

Wenn ihr etwas Neues lernt – etwa eine Sprache oder eine neue Sportart –, dann hilft euch meistens eine Trainerin oder ein Trainer, die Basics von Anfang an richtig zu machen. Es sind oft nur wenige Trainerstunden, die euch Sicherheit geben. Die ersten Erfolgserlebnisse stellen sich so auch viel schneller ein.

Vielleicht wünscht ihr euch an der ein oder anderen Stelle auch ein bisschen Unterstützung: zum einen, um den Ball ins Rollen zu bringen, und zum anderen auch, um das Thema Meetingkultur von Anfang strategisch clever im Unternehmen zu platzieren.

Schreibt uns auch gerne direkt eine E-Mail, wenn ihr Interesse an einem Sparring, einer Keynote oder an einem Workshop habt. Wir kennen ein paar Abkürzungen auf dem Weg in eure neue Meetingkultur. Wir freuen uns immer über Post. Und wir schreiben auf jeden Fall zurück – versprochen.

bastian@neuemeetingkultur.de

Danke

Unser erstes Dankeschön geht an dich, liebe Leserin oder lieber Leser: Danke, dass du das Thema Meetingkultur ins Unternehmen trägst.

Wir möchten uns außerdem – in zeitlicher Reihenfolge der Zusammenarbeit – noch bei den Menschen bedanken, die uns geholfen haben, dass dieses Buch Wirklichkeit wird:

Florian Rottke: Von dir stammt nicht nur der Titel *Meetlife Crisis*. Du hast mit deiner Agentur klein.laut auch die ersten Designentwürfe gezaubert. Danke fürs Mitdenken und den Konzeptschliff.

www.klein-laut.de

Annette Jarosch: Wir möchten uns ganz herzlich für dein Sparring zu Text und Konzeption bedanken. Mit deinem geschulten Blick hast du Unstimmigkeiten sofort aufgedeckt und sofort passende Lösungen parat gehabt, um das Buch besser zu machen. Gegen Betriebsblindheit hilft Annette. Schnell und zuverlässig.

www.annettejarosch.de

Kim Zimmerling: Wir wollten von Anfang an kein Buchdesign von der Stange. Bleiwüsten sind für uns ein Albtraum. Wir hatten außerdem schon ein paar Vorstellungen, wie das Innenleben des Buches ausschauen könnte – und wir hatten vor allem eines: wenig Zeit. Wir sind froh, dass wir dich als Grafikerin gewinnen konnten, Kim. Trotz enger Vorgaben und einem engen Zeitfenster hast du für dieses Buch eine fantastische Designwelt erschaffen. Danke!

www.kimzimdesign.com

[01] Slack: State of Work 2023, https://slack.com/intl/de-de/blog/news/state-of-work-2023

[02] https://miro.com/blog/how-workers-feel-about-meetings/

[03] Asana – State of Work Innovation: Germany 2024

[04] Weblink: https://miro.com/blog/how-workers-feel-about-meetings/

[05] Asana – State of Work Innovation: Germany 2024

[06] Weblink: https://www.surveymonkey.com/curiosity/virtual-meetings/

[07] Weblink: https://www.health2work.nl/assets/uploads/bluedorn_turban_love_1999_jap.pdf
Weblink: https://psycnet.apa.org/record/1999-13895-011

[08] https://www.atlassian.com/blog/workplace-woes-meetings

[10] Institut New Work (INW) (2021): New Work goes Nature: Zu den Auswirkungen der Natur auf das Arbeiten; https://www.bfh.ch/de/aktuell/news/2021/new-work-goes-nature/

[11] »How to Do Walking Meetings Right«, R. Clayton, C. Thomas, and J. Smothers, HBR, 2015:
Allen, D. (2015). *Getting things done. The art of stress-free productivity.* Penguin Publishing Group

[12] Weblink: https://www.nature.com/articles/s41598-023-36256-4

[13] https://rework.withgoogle.com/en/guides/understanding-team-effectiveness#identify-dynamics-of-effective-teams

[14] Starker, V.; Roos, K.; Bracht, E. M.; Graudenz, D. (2022): *Kosten von Arbeitsunterbrechungen für deutsche Unternehmen. Auswirkungen von Fragmentierung auf Produktivität und Stressentwicklung.*

[15] Stephen R. Covey (2020): *The 7 Habits of Highly Effective People* (deutsch: *Die 7 Wege zur Effektivität)*

WEITERE QUELLEN:

Sync-Meeting:
Klein, S., Hughes, B., Fleischmann, F. (2023): *Der Loop Approach. Wie Du Deine Organisation von innen heraus transformierst* (2. Auflage). Campus

Robertson, B. (2016): *Holacracy. Ein revolutionäres Management-System für eine volatile Welt.* Vahlen

Feedback-Meeting:
In Anlehnung an das Spotlight Meeting
Mostert, H., Hoffmann, D. (2024): *Conflict Culture Playbook. Wie du Konflikten einen Raum gibst, sie konstruktiv klärst und Beziehungen stärkst.* Murmann

Konflikt-Klärungs-Meeting:
In Anlehnung an das Clear-the-Air Meeting von dwarfs and Giants
https://www.dwarfsandgiants.org/cta

In Anlehnung an das Team-Space-Meeting
Mostert, H., Hoffmann, D. (2024): *Conflict Culture Playbook. Wie du Konflikten einen Raum gibst, sie konstruktiv klärst und Beziehungen stärkst.* Murmann

BILDNACHWEIS

S. 23: Samuel Scrimshaw / Unsplash
S. 185: Ryoji Iwata / Unsplash

Stell mich nicht ins Regal. Verleih mich weiter oder leg mich …

… in den Meetingraum.

Impressum

MIX
Papier | Fördert gute Waldnutzung
FSC® C089473
FSC www.fsc.org

ISBN 978-3-593-52143-5 Print

Umschlaggestaltung:
Kim Zimmerling

Satz:
Kim Zimmerling

Gesetzt in »*Loos*« (TypeMates) und »*Proxima Nova*« (Mark Simonson Studio)

Druck und Bindung:
Beltz Grafische Betriebe GmbH, Bad Langensalza

Beltz Grafische Betriebe ist ein Unternehmen mit finanziellem Klimabeitrag (ID 15985-2104-1001).

Printed in Germany

www.campus.de